Error Humano: C4c06

Modelo de Determinación de Raíz Causa

Error Humano: C4c06

Modelo de Determinación de Raíz Causa

GINETTE M. COLLAZO

ISBN: 978-0-615-25076-2

Publicado por
Ginette M. Collazo
San Juan Puerto Rico
ginette.collazo@gmail.com

Primera Edición: Agosto, 2008

CONTENIDO

1.

Errores Humanos

El comportamiento humano

La conducta humana es una muy interesante y compleja. En ocasiones, es un gran reto el entenderla y explicarla. Los profesionales de la conducta que ejercen en las áreas de adiestramiento y educación, más allá de entender y explicar el desempeño humano, deben ser capaces de predecirlo y manipularlo. En función de asegurar el desempeño exitoso de los empleados, las funciones de adiestramiento aplican métodos de enseñanza y adiestramiento que promueven el aprendizaje. A su vez estos métodos facilitan que la conducta y el conocimiento interaccionen afectando positivamente el resultado de su desempeño.

Las áreas responsables de adiestramiento y desarrollo, particularmente en las industrias reguladas como lo es la industria farmacéutica, tienen la tarea de asegurar la calidad de los eventos de educación que se llevan a cabo en el área de trabajo. También tienen que asegurarse de cumplir con los requisitos de adiestramientos establecidos en las regulaciones que les aplique. Tienen que garantizar el aprendizaje y el desarrollo de la fuerza trabajadora, asegurar que las personas hacen bien las tareas asignadas, y todo esto con la menor interrupción al proceso de manufactura o sin afectar la eficiencia de las líneas de producción.

Para lograr esto, los programas de educación que se establecen son multidimencionales, en los cuales se crean procesos que identifican las necesidades de aprendizaje o currículos, sistemas para la calificación de instructores, la calificación de destrezas, la medición de aprendizaje (tanto cognoscitivo como práctico) y la medición de la efectividad del adiestramiento.

Por otro lado, el concepto de *efectividad de adiestramiento* sugiere que los empleados al completar sus programas educacionales van a ser capaces de ejecutar la tarea correctamente. Esto es, que lo que se espera de un buen programa de adiestramiento es que las personas no cometan errores o que cometan el menor error posible.

El concepto de evitar errores y "el hacerlo bien" es el que le da importancia a la existencia de la regulación. El adiestramiento es regulado por que es la "vacuna contra el error". Es el elemento preventivo que se crea para asegurar la calidad de la ejecución de la tarea, que a su vez redunda en la calidad del producto.

Además del cumplimiento con las regulaciones, el adiestramiento también juega un papel muy importante en la eficiencia de las organizaciones, la mejor utilización de los recursos y hasta la autoestima de todos los empleados. Es este el elemento que puede hacer la diferencia entre "continuar" o "parar" el proceso y el que permite que se inicie y termine la tarea de la forma esperada.

Teniendo esto en mente las organizaciones han sido muy diligentes en el establecimiento de áreas funcionales responsables de atender las necesidades de adiestramiento y educación. No obstante, todavía seguimos experimentando muchos errores humanos en los procesos, los cuales cuestionan la calidad y el esfuerzo de los profesionales que de desempeñan en estas áreas funcionales.

La ocurrencia de errores humanos se ha convertido en un reto adicional para las organizaciones que debe ser atendido. Un reto tanto de negocio como un reto regulatorio. La necesidad identificada de entender y explicar la conducta humana, más allá del aprendizaje, cobra una importancia sin precedentes en una época en donde la competencia y estabilidad de las organizaciones no solo dependen de ser los "mejores", sino que dependen de ser "mejor que los mejores" en donde la frase "errar es de humanos" no es aceptable.

Sin duda, el entender y explicar la conducta humana en función de los errores humanos no es tarea sencilla. Esta tarea no se debe limitar a explicar lo que las **"personas hacen"**, sino mas bien la pregunta se debe extender a tratar de entender el **"por qué"** las personas no hacen lo que "tienen" que hacer o a **"por qué"** lo que hacen, lo hacen diferente a la forma esperada.

¿Por qué?

Esta es la razón que le da vida a este libro. Las metodologías de investigación de desviaciones de errores existentes, pueden carecer de una estructura formal que conteste esta pregunta. La profundidad para entender las causas de los errores no siempre esta presente. Cuando las investigaciones sugieren que el resultado inesperado de la tarea es una consecuencia de las acciones de una persona, tradicionalmente se concluye que el mismo fue causado por un "error humano" dirigiendo la responsabilidad al individuo ejecutor. No obstante, el término error no tiene una connotación moral de fallo personal o culpa. Asimismo, ésta no tiene utilidad para la determinación de las causas originales de las desviaciones o resultados no esperados del desempeño. La culpa no nos explica el **por qué** la persona "cometió el error".

En la mayoría de las ocasiones las acciones que se toman como medidas ya sean correctivas y/o preventivas (CAPA) están circunscritas a repetir los adiestramientos o a tomar acciones disciplinarias en contra del empleado, dejando sin atender las reales causas del evento. Continuamente hemos sido testigos de que estas acciones no nos han resuelto el problema. Las personas se adiestran y re-adiestran, se someten a procesos disciplinarios, se separan de las organizaciones y de todas maneras los errores siguen ocurriendo.

Por otro lado, las organizaciones e industrias aerospaciales, militares, químicas y plantas de generación de energía nuclear, ente otras, con el propósito de prevenir fatalidades como la explosión del Challenger, el escape de químico toxico de la compañía Union Carbide en Bhopal, India y prevenir accidentes aéreos que han costado miles de vidas, han invertido una buena cantidad de su tiempo investigando este tema. No se han conformado con concluir que las desviaciones que ocurren (mayormente accidentes fatales) son producto de un "error humano". Estas organizaciones han asumido la responsabilidad de no conformarse con esa explicación superficial y se han dado a la tarea de profundizar en las condiciones que causan que las personas cometan errores.

Actualmente existen metodologías para investigar y documentar los eventos relacionados exclusivamente a errores humanos. La Comisión Regulatoria Nuclear o NRC por sus siglas en Inglés tiene varios tomos de lo que se titula "Proceso de Investigación de Eventos de Desempeño", (NUREG/CR-5455) el cual detalla los pasos a seguir en las investigaciones de fallas asociadas a la ejecución de las personas.

Estos procesos de investigación existentes representan una buena base para el establecimiento de metodologías que se atemperen a la realidad de la industria farmacéutica o cualquier otra industria que esta interesada en el tema.

La aplicación de estos y otros conceptos aprendidos han sido los predecesores del desarrollo de la metodología que este libro presenta.

El conocimiento por si solo, no modifica conducta. El establecimiento de un proceso estructurado de investigaciones de errores humanos nos ayuda a obtener los datos necesarios para llegar a conclusiones que realmente hagan sentido y por consiguiente tomar acciones que realmente mejoren el desempeño. Más allá de un simple adiestramiento.

2.

¿Por que los seres humanos cometen errores?

Para efectos de este libro, se define el error humano como ese comportamiento de las personas que excede el límite de tolerancia definido para una tarea en particular. Se excluyen de esta definición, los sabotajes (conductas malintencionadas) y las violaciones (transgresiones deliberadas, sin intención de daño), (Lorenzo, D.K., 1990)

El error humano es definido de forma distinta en diferentes textos. James Reason, considerado el maestro del error humano, define éste como "todas esas ocasiones en las que la secuencia de las actividades mentales y físicas fallan en lograr los resultados esperados y no pueden ser atribuidas a la intervención de alguna agencia aleatoria". La enciclopedia Encarta define el error humano como "una equivocación cometida por la persona, ya sea por un proceso pobremente diseñado o un mal funcionamiento de equipo o maquina" (2008). Por otro lado, el diccionario Thesaurus define error como "algo hecho mal, de forma no intencionada e. g. como resultado de un juicio pobre" (2008).

En la mayoría de estas definiciones las condiciones externas al ser humano están presentes como causas contribuyentes al error. No obstante, la importancia de este fenómeno radica en poder entenderlo y explicarlo con la esperanza de poder evitarlo y controlarlo.

Según James Reason, en su libro titulado "Error Humano" la problemática del error se puede ver desde dos perspectivas: la perspectiva de la persona y la perspectiva de los sistemas.

Cada una de estas tiene su modelo de causas de errores y cada modelo tiene diferentes métodos de intervención. El conocer la diferencia de cada uno de estos nos ayudará a decidir cual aplica en qué caso. El entender la diferencia entre los sistemas y la persona (según definido en este libro) resulta un concepto básico para poder aplicar la metodología aquí presentada.

Perspectiva Persona/Sistema

La diferencia primordial se ubica en que la perspectiva de la *persona* se enfoca en los errores de los individuos, culpándolos por su memoria, atención o debilidades morales, mientras que la perspectiva de los *sistemas* enfoca en los procesos y las condiciones sobre las cuales los individuos trabajan y trata de construir defensas para evitar los errores y/o mitigar sus efectos.

El enfoque de sistemas es la base de este libro ya que se enfatiza mayormente en las condiciones que generan la vulnerabilidad para cometer errores. Para efectos del análisis que se presentará mas adelante, la distinción de fallos se divide en tres elementos básicos: los errores de equipo, los errores de sistema y los errores de gente. De estos, los errores o fallos de equipo quedan excluidos del análisis para efectos de esta publicación. Ésta se enfoca específicamente en los errores de sistemas y gente.

En cuanto a los elementos asociados a los individuos, los mismos se tratarán de forma sutil ya que no es el propósito de este libro el atender los mismos.

Como se mencionara anteriormente el enfoque va directamente atado a sistemas y condiciones y no a personas en su enfoque individual. No obstante, las personas juegan un papel muy importante en la confiabilidad de los sistemas y no debemos separarlos de forma categórica. Es precisamente esa interfase de persona/sistema la combinación de éxito que perseguimos.

Las personas juegan un papel muy importante en cuan robustos pueden ser los sistemas. El ser humano puede ser el elemento capaz de anticipar, prevenir, confirmar y recuperar las desviaciones no previstas del sistema, incidentes relacionados con fallos técnicos, errores propios y errores ajenos. En este sentido, el ser humano aventaja a la mayoría de los dispositivos técnicos por su superior capacidad de adaptación ante situaciones no previsibles y su flexibilidad para modificar las estrategias encaminadas a alcanzar el objetivo establecido. Esto básicamente se debe a dos factores:

- La capacidad de aprendizaje: frente a una situación nueva el ser humano es capaz de construir de varias maneras una estrategia de resolución y de adaptarla para el futuro cuando las circunstancias lo exijan.
- La posibilidad, principalmente en entornos dinámicos, de anticipar los acontecimientos y por tanto, de modificar su estrategia inicial para evitar consecuencias molestas y la facultad de corregir sus propios errores.

Asimismo, tenemos que diferenciar cuando los seres humanos aventajan a los sistemas y cuando los sistemas son superiores en ejecución que los humanos.

Los Humanos son mejores para:
1. Emitir juicios.
2. Sensitividad a una gran variedad de estímulos.
3. Almacenar grandes cantidades de información por largos periodos y acceder información relevante en el momento apropiado.
4. Habilidad de reaccionar a eventos inesperados de poca probabilidad.
5. Creatividad al momento de resolver problemas.
6. Habilidad de continuar trabajando aún estando sobrecargado.

Las máquinas son mejores para:
1. Monitoreo de información.
2. Ejecución de tareas rutinarias, repetitivas o de mucha precisión.
3. Responder rápidamente a controles y señales.

4. Realización de cálculos complejos y rápidos con confiabilidad.

5. Hacer muchas cosas a la vez.

6. Habilidad de repetir operaciones rápidas, continuas y precisas en la misma forma por un periodo de tiempo largo.

Reconociendo que los seres humanos son vulnerables a cometer errores, los sistemas deben estar diseñados de tal manera que puedan evitar que ocurran y/o capturar los mismos a tiempo. Por otro lado deben también minimizar y mitigar las consecuencias.

Cuando miramos los errores desde el enfoque de sistemas los errores humanos no son otra cosa que las **consecuencias** de sistemas mal diseñados y no tienen sus orígenes en el individuo. Los errores radican en las condiciones de alrededor en ese momento histórico del evento en cuestión.

Tipos de errores

Por otro lado, sabemos que sí las personas cometen errores. Estos pueden ser clasificados para efectos de entenderlos en las siguientes categorías:

Errores de Omisión: Es cuando algo no se hace. Ej. Brincar un paso u olvidar hacer alguna intervención.

Errores de Comisión: Es cuando la acción se desvía de lo esperado. Hacer de más o de menos, por más o menos tiempo, o más o menos rápido/lento.

Errores Voluntarios: Son cuando lo que hacemos, lo hacemos a conciencia (no necesariamente sabemos las consecuencias y no hay mala intención).

Errores Involuntarios: Cuando hacemos o no hacemos algo de forma inconciente. Sin darnos cuenta.

Intencional

Brinca un ingrediente para avanzar	Añade ingrediente porque piensa que es mejor
Se le olvide añadir el ingrediente	Añade el ingrediente incorrecto

Omisión   Comisión

No Intencional

Estas clasificaciones se pueden dar dentro del marco de los procesos internos que los seres humanos experimentan al momento de tomar decisiones de acción (ya sean conscientes o inconscientes). Estos afectan la conducta determinando así el curso de acción de las personas.

El Modelo de GEMS o "Generic Error-Modeling System"

Este modelo es presentado por James Reason, autor del libro "Error Humano" (1990). Este pretende entender los orígenes de los errores humanos en función de los procesos de pensamiento y toma de decisiones. Se basa en tres niveles del procesamiento cognitivo: El modo "Skill Based" o basado en la destreza, el modo "Rule Based" o basado en las reglas y el modo "Knowledge Based" o basado en conocimiento.

"Skill Based": este se refiere a los hábitos y las acciones automáticas.

Acción: Adiestramiento para la creación de memoria a largo plazo o "memoria muscular". Acciones automáticas como las simulaciones y repeticiones, con el propósito de que la acción correcta surja de una forma natural y automática. El propósito es minimizar el uso de la memoria corto plazo ya que la misma se limita a pocas unidades de información.

"Rule Based": se basa mas en pasos con patrones asociados a esa tarea que se resuelven con reglas internas de solución de problemas. Ejemplo, seguir los procedimientos establecidos en donde si los síntomas observados son X, significa que el estado del sistema es Y. Si el estado del sistema es Y, entonces yo debo hacer Z para arreglarlo.

Acción: Procedimientos completos y claros en donde hay opciones de acción por diferentes posibles condiciones. Reto: No necesariamente se han identificado reglas para todos los procesos y en este punto requeriría un proceso de "HAZOP" y "What if Analysis".

"Knowledge Based": las tareas son atendidas por el razonamiento de los principios primitivos en donde ni las reglas ni la experiencia aplican. En este caso podríamos tener errores debido al entendimiento incompleto o incorrecto del sistema.

Acción: Suficiente teoría del sistema para poder manejar situaciones inesperadas. La ciencia de los procesos es muy importante en esta etapa. Reto: Accesibilidad y complejidad de la información y el costo de estos cursos.

Viendo esto ya comenzamos a darnos cuenta de cómo no todo los relacionado a error tiene que ver con adiestramiento. Otro detalle importante de este modelo es que las condiciones para controlar el error no todo el tiempo dependen de la intervención directa y consciente del individuo. Cuando creamos sistemas y procesos totalmente dependientes de la persona tenemos que considerar los retos diarios a los que estas se enfrentan en el ambiente de trabajo y su vida personal. Por lo tanto, si los humanos erran por que es una condición inherente de su naturaleza, el depender totalmente de los procesos cognitivos internos de los individuos, es admitir que los procesos van a fallar, tener la expectativa de que no van a ocurrir errores es una idea irreal y prácticamente imposible.

Siendo esto así, cabe preguntarse: ¿No hay nada que podamos hacer para reducir o eliminar los errores humanos? La respuesta es si. Podemos hacer mucho para evitarlos. Lo importante es reconocer que la dependencia no debe radicar en el individuo, sino en el sistema.

La forma de atender esta situación es movernos de una perspectiva que tradicionalmente busca *evitar los errores* a una perspectiva que persigue crear sistemas que sean *tolerantes a errores*. De esta forma, reducimos las oportunidades de fallo en los elementos individuales de destrezas, reglas y conocimiento; permitiendo que se manifiesten en un momento de emergencia en donde los sistemas y procesos fallan.

Los sistemas deben ser nuestro foco de atención. Debemos darle importancia máxima a las condiciones que facilitan que los errores ocurran y dejar de enfocarnos en las personas que los cometen.

3.

Los sistemas: Las condiciones

Los seres humanos cuando van a trabajar tienen una meta en mente: hacerlo bien. No pasan la vida queriendo tener problemas en sus trabajos por que han cometido un error. Cuando ocurren eventos en la industria en donde la raíz causa se determina como error humano, a veces nos preguntamos pero… ¿que sucedió? ¿Cómo es posible que eso pasara? En realidad nos sorprende que esos eventos inesperados ocurran.

Al momento de analizar lo ocurrido apelamos a la visión retrospectiva en donde tratamos de explicar el pasado en el presente, conociendo el resultado. La visión retrospectiva nos crea una ilusión de que la acción era obvia y que las consecuencias eran claras.

Atribuir la responsabilidad total al individuo es parte de la visión antigua de las teorías de error humano. Hoy día tenemos más información y sabemos que los errores son en realidad síntomas de problemas más profundos en los sistemas. Cuando tratamos de explicar las razones para un error no debemos buscar que fue lo que hizo mal la persona. Más bien, debemos investigar las condiciones en las que el error se comete y cual fue el proceso de pensamiento del individuo que le pudo haber sugerido en un momento dado que esas acciones (o falta de acción) hacían sentido.

Mayormente los errores ocurren por condiciones existentes en un sistema. Mas adelante, estas condiciones se discutirán en mayor profundidad. Cuando concluimos que un individuo puede ser totalmente responsable de un evento, básicamente estamos aceptando que para poder eliminar el error, la única acción que se debe llevar a cabo es remover al individuo.

Este postulado puede causar mucha confusión. Cuando pensamos en el error humano confundimos ese término con error del individuo. La diferencia radica en que cuando existen en los sistemas condiciones que pueden causar errores la posibilidad de que el error ocurra esta latente. No importa quién sea el individuo que se encuentre realizando la tarea. Por otro lado, cuando la responsabilidad total de que el error ocurra radica en el individuo, esa posibilidad de error es exclusiva de esa persona.

Las organizaciones crean errores mediante el diseño de sistemas deficientes.

James Reason en su libro Error Humano, 1990, expone el modelo del Queso Suizo en donde representa como sistemas deficientes (queso con rotos) permiten que los peligros de error (Hazards) se "cuelen" hasta crear los fallos. Esta ilustración nos demuestra como esa posibilidad de error ha existido a través del tiempo. No obstante, éstos no ocurren hasta que todos y cada uno de ellos estén perfectamente alineados.

Reason, J. 1990

Esos "rotos" o deficiencias en los sistemas son los que finalmente hay que corregir. Debemos ser capaces de identificar estas deficiencias en nuestros procesos para asegurar que nuestros sistemas son robustos y que la gente puede ejecutar de forma correcta y segura.

Para atender estos de forma preventiva no debemos esperar que el sistema y el proceso fallen. Debemos utilizar nuestros procesos existentes como lo son las notificaciones de eventos que no han resultado en desviaciones todavía y ver los mismos como "por pocos" o "near missess" de calidad.

Ahora bien, ¿Cuáles son esos sistemas? ¿Cuáles son las condiciones que hacen que la gente falle?

Los sistemas son esos procesos administrativos que creamos para lograr uniformidad. Algunos de estos son los sistemas de control de cambios, los sistemas de compras y calificación de suplidores, los sistemas de control de cambios de procedimientos de operación estándar, los sistemas de supervisión, los sistemas de adiestramiento, los sistemas de mantenimiento preventivo, etc. Estos son los verdaderos responsables de los errores humanos.

Con el propósito de asegurar que las organizaciones son exitosas y que los productos que se manufacturan pueden ser vendidos a un precio justo y que además los servicios que se ofrecen cumplen con las expectativas de los clientes, debemos asegurar que el problema real ha sido identificado.

4.

Tabla de Raíz Causa :
"Root Cause Chart"

Este capítulo presenta la herramienta de trabajo que permitirá la identificación de las condiciones mencionadas anteriormente sobre los errores humanos. Esta herramienta llamada tabla de raíz causa contiene la jerarquía causal que explica fallas en los sistemas.

La tabla de Raíz Causa es una herramienta que presenta de una forma deductiva (de lo general a lo específico) las causas de diferentes tipos de fallos. Para propósitos del modelo que se presenta en este libro enfatizaremos en Error Humano. Esta herramienta es utilizada en industrias de generación de energía nuclear e industrias químicas, entre otras. La tabla que se discutirá a continuación es un producto de la compañía "Process Improvement Institute" (PII). La cual otorgó permiso para su reproducción en esta publicación.

Tabla de Raíz Causa (Root Cause Chart)

Root Cause Chart™

Start here with each causal factor

Note: NI = Needs Improvement

Re-impresa con Permiso PII, 2002.

Estructura de la Tabla (RCC):

La tabla es una especie de proceso uniforme y definido que en cierta forma obliga a pensar de forma sistemática.

Aplicando el "Root Cause Chart":

Comienza el proceso con el primer evento identificado en la investigación. En este proceso de investigación sabemos que los sistemas fallan por que hay deficiencias que causan que los sistemas fallen, por lo que no siempre hay una **sola** raíz causa.

1. **Evento:**
   a. El evento inicial de la pérdida/desviación.

2. **Tipo de Factor Causal:**
   a. Equipo
   b. Sistema Administrativo
   c. Gente
   d. *Fenómeno Natural*
   e. *Sabotaje*
   f. *Otros*

   > Para efectos de este modelo enfatizaremos en: **Sistemas, Equipo** y la **Gente**.
   > El sabotaje no se considera un error humano y el fenómeno natural esta fuera de nuestro control.

3. **Categoría de Raíz Causa:**
   a. Diseño/Insumo/Resultado
   b. Programa de Confiabilidad de Equipo
   c. Sistemas Administrativos

d. Procedimientos

e. Ingeniería de Factores Humanos

f. Adiestramiento

g. Supervisión Inmediata

h. Comunicación

i. Desempeño Personal

4. Raíz Causa mas cercana

5. Raíz Causa

El RCC funciona en un proceso deductivo: de lo general a lo específico utilizando los "5 ¿Por qué?" como límites de profundidad en la investigación.

Básicamente, el RRC va formando una especie de bosquejo en donde se van detallando cada vez más las condiciones que se dieron en el evento específico.

Ejemplo:

Evento: (Por qué #1)

    C. Gente (Por qué #2)

        4. Procedimiento (Por qué #3)

            a. Incorrecto/Incompleto (Por qué #4)

                06. Incompleto/Situación no contemplada (Por qué #5)

Guía de codificación de categorías y factores causales para investigaciones de Error Humano

FACTOR CAUSAL

El factor causal es el primer nivel de determinación de raíz causa. Este es el elemento que queremos deducir hasta encontrar la raíz causa. Es el **primer ¿por qué?** en los cinco niveles de cuestionamiento.

TIPO DE FACTOR CAUSAL:

Los tipos de factor causal son seis de los cuales usaremos solo tres. Para facilitar la codificación los hemos codificado con letras (A,B,C,D,E,F). Este es el **segundo** nivel de los cinco **¿Por qué?**

> Nota: Esta codificación se presenta en el extremo izquierdo de cada premisa.

A. Dificultad de Equipos:
Fallo de equipos o sus componentes. Problemas relacionados a los programas de confiabilidad deben ser categorizados bajo este factor.
Ejemplos: Problemas de diseño, fabricación, instalación, mantenimiento, uso erróneo, etc.

B. Sistemas Administrativos:
Ineficiencia al establecer controles administrativos, políticas o estándares establecidos por la gerencia. Errores relacionados a estos programas administrativos deben ser categorizados bajo este factor.
Ejemplos: Políticas para adiestramientos inadecuadas, problemas en el proceso de investigaciones, controles para la documentación deficientes, etc.

C. Dificultad del Personal (Error Humano):
Problemas concernientes al funcionamiento de una facilidad o sus procesos, deben ser categorizados bajo este tipo.
Ejemplos: Reporte incorrecto de resultados de laboratorios, uso de la cantidad incorrecta de material, etc.

D. Fenómenos Naturales:
Problemas como resultado de huracanes, tornados u otros fenómenos naturales se codifican bajo este factor.

Sabotaje:
Actos maliciosos que contribuyen o causan incidentes se identifican en esta categoría.
Ejemplo: Destruir o dañar una pieza de un equipo a propósito.
Nota: Esta categoría no es considerada como un error humano.

E. Otras dificultades:
Alguna causa que no pudo ser codificada en ninguna de las categorías anteriores se identificara bajo este factor.

CATEGORIAS DE RAIZ CAUSA

Las categorías de raíz causa son el **tercer nivel de ¿Por qué?** del proceso de determinación de raíz causa. Estos son nueve y se han codificado con un número (1-9) para su fácil identificación.

Equipo

1. Diseño insumo/resultado:
Problemas asociados al diseño actual de los equipos son codificados bajo esta categoría.

2. Programa de Confiabilidad de Equipo:
Debe existir un programa de confiabilidad para detectar o identificar el mal funcionamiento de los equipos causado por:
- Fallos en la programación de mantenimiento.
- Falta de expedientes (record) para el control del mantenimiento de equipo.
- Selección de tarea inapropiada para mantenimiento preventivo.
- Recursos inadecuados para completar las tareas de confiabilidad.

Sistemas

3. Sistemas Administrativos Gerenciales:
Errores causados por la carencia de procedimientos, políticas, controles administrativos o la implementación inadecuada de estos sistemas. Se incluyen problemas relacionados con la implementación de acciones correctivas, recurrencia de eventos, documentación y control de configuración.

Error Humano

4. Procedimientos:
Errores atribuibles a procedimientos escritos. Esto incluye que los procedimientos:
- No se utilizan.
- Son confusos o inconsistentes.
- Incorrectos o incompletos.

5. Ingeniería de Factor Humano:
Problemas aplicables a fallas al considerar la capacidad y limitaciones humanas en el diseño, desarrollo, producción y control en el manejo de los sistemas. Incluyendo el diseño del lugar de trabajo, ambiente de trabajo, carga de trabajo excesiva (física/mental) y sistemas intolerantes.

6. Adiestramiento:
Problemas relacionados a todos los aspectos de adiestramiento se codificaran bajo esta categoría. Incluyendo casos en los cuales no hubo adiestramiento o el mismo fue inadecuado.

Nota: Usualmente la causa del error se basa entre "Adiestramiento" o "Supervisión Inmediata". El adiestramiento es apropiado si la tarea es completada independientemente y bajo poca o ninguna supervisión rutinaria.

7. Supervisión Inmediata:
Problemas causados por carencia de supervisión o supervisión inadecuada durante la preparación y desempeño de una tarea.

8. **Comunicación:**

Errores causados por un mal entendido o deficiencias en la comunicación.

Ejemplos: Mal entendido de instrucciones verbales.

Nota: Comunicación es definida como el acto de intercambiar información. Se incluyen diferentes modos de comunicación: personal, teléfono, radio, video de exhibición, cortos mensajes escritos, registro de entradas y comunicación entre turnos de trabajo. No incluye métodos formales de comunicación: Procedimientos escritos, especificaciones, órdenes de mantenimiento, etc.

9. **Relacionado al Individuo (Desempeño):**

Cualidades del Individuo o condiciones tales como: físicas, mentales, actitudes, capacidad mental, atención, descuido, etc. Esto significa que la condición del error es el individuo realizando la tarea, no independiente de la identidad. En este caso si es removido de la tarea el individuo en cuestión, entonces la posibilidad de error se elimina. Se describirán aquí las categorías de errores "inexplicables".

CAUSA MÁS CERCANA Y RAIZ CAUSA

La causa mas cercana es esa categoría que engloba las raíces causas dentro de esa categoría. La causa más cercana esta identificada con una letra minúscula. Este es el **cuarto (causa mas cercana) y quinto nivel (raíz causa) de los ¿por qué?**

La raíz causa esta inmediatamente después de la causa más cercana. Estas están codificadas con dos dígitos de forma secuencial.

EQUIPO
1. DISEÑO INSUMO/RESULTADO

a) Diseño Insumo: Errores relacionados a criterios del diseño. Se consideran todos los criterios esenciales del diseño.

Ejemplo: Una válvula falló por que el diseñador utilizó requerimientos de materiales obsoletos.

    01 <u>Diseño insumo no cumple</u>:
        Los criterios u otros requerimientos son extremadamente rigurosos e inalcanzables.
    02 <u>Diseño inicial obsoleto</u>:
        Cuando los criterios están expirados (fuera de fecha).
        Utilización de previas versiones como requisito.
    03 <u>Diseño inicial incorrecto</u>:
        Los requisitos de estándares son incorrectos/inadecuados.
    04 <u>Necesidad de un diseño inicial / No disponible</u>:
        Carencia de requerimientos necesarios disponibles para el diseño; códigos estándares, etc.

b) <u>Diseño resultado</u>: Diseños incompletos o incorrectos asociados a dibujos, especificaciones, requisiciones, diseño de cambio de documentos y/o planes de inspección de calidad.
Ejemplo: Una válvula falló por que el diseño de las especificaciones estaba incorrecto.

    01 <u>Alcance</u>:
        Deficiencia al considerar todos los posibles escenarios; condiciones de la operación en casos normales o emergencias, incluyendo su diseño.
    02 <u>Diseño final confuso</u>:
        Dificultad para leer/entender los dibujos. Las especificaciones no fueron interpretadas de diversas maneras.
    03 <u>Diseño final incorrecto</u>:
        Utilización incorrecta de dibujos y otras especificaciones.
        El diseño final no incorpora cambios previos.
    04 <u>Inconsistencia en el diseño final</u>:
        Diferencias entre diversos documentos finales. Dibujos y otras especificaciones de diseño no son congruentes.
    05 <u>Diseño inicial no esta relacionado al diseño final</u>:
        Las especificaciones no incluyen todos los requisitos.
        Algunos criterios fueron obviados en el diseño final.

2. PROGRAMA DE CONFIABILIDAD DE EQUIPO:

a) **Programa en general:**
   Cuando el criterio de aceptación de riesgo es inapropiado o se utilizan recursos inadecuados para realizar tareas de confiabilidad. La asignación de recursos y tareas es ambigua e inapropiada.
   01 No hay programa:
   Carencia de un programa de confiabilidad de equipo.
   02 Procedimiento para determinar necesidades del equipo
   Necesita mejorar:
   El procedimiento debe ser utilizado para determinar que tareas de confiabilidad/mantenimiento deben ser completadas. El análisis del proceso debe medir todas las variables impactantes y dominantes. Incluyendo, equipo importante para la seguridad, confiabilidad y calidad. El proceso se debe aplicar consistentemente.
   03 Criterios de aceptación de riesgos:
   El error es causado cuando los criterios de aceptación son incorrectos y luego son utilizados para analizar las necesidades mantenimiento. El mantenimiento reactivo/correctivo debe ser asignado aunque las consecuencias del fallo sean altas.
   04 Asignación de recursos:
   La asignación de recursos debe ser basada en un análisis de riesgo. Los problemas ocurren cuando algunas prioridades de mayor importancia o tareas específicas no son realizadas debido a la implementación de tareas de poca importancia o no prioridades. ¿Contamos con suficiente recursos cualificados para realizar las tareas críticas?

b) **Expedientes del programa de confiabilidad de equipos:**
   Debe establecerse un programa de documentación para el mantenimiento de equipos. El mismo debe ser adecuado, mantenerse al día con la información correcta y necesaria para asegurar la confiabilidad del equipo.

01 Record para el diseño de equipos:

> ¿Existe un requisito de diseño del equipo que falló? Todo equipo existente debe tener requisitos y especificaciones de diseño disponibles en todo momento.

02 Historial del equipo operacional:

> El historial del equipo debe estar completo. El mismo debe contener información de equipos similares. En adición, debe incluir información o historial relacionado a incidentes de equipos similares que han prevenido el incidente o disminuido su severidad.

c) **Implementación del Programa de Confiabilidad:**

La actividad y tareas específicas de mantenimiento de equipo deben anticipar todo tipo de fallos. Este programa debe contemplar la frecuencia de la tarea, control adecuado en la coordinación de actividades, claridad en el inicio y durante todo el proceso de la tarea. El mantenimiento debe efectuarse en un tiempo oportuno y bien documentado.

01 Equipo no contemplado en el sistema de confiabilidad:

> Es cuando un equipo no se ha incorporado como parte de un programa de confiabilidad. Esto puede haber ocurrido inadvertidamente o como resultado de una decisión de no incluirlo.

02 La selección de tipo de tarea necesita mejorar:

> Ocurre al seleccionar el tipo de programa de confiabilidad o mantenimiento inadecuado para un componente o equipo específico.

03 Frecuencia, identificación o ajuste de la tarea de confiabilidad necesita mejorar:

> Es cuando la frecuencia de la inspección, prueba o mantenimiento predictivo no ocurre correctamente (no es suficiente). La frecuencia debe estar basada en los fallos actuales identificados en el mantenimiento preventivo.

04 Iniciación de la tarea de confiabilidad:

> El sistema debe alertar la necesidad de la tarea en un tiempo adecuado. El mismo debe especificar los

procedimientos, el personal y las herramientas necesarias. Se debe completar el personal apropiado para la tarea y su disponibilidad. El mantenimiento predictivo, proactivo o preventivo debe prever posibles eventos.

05 <u>Seguimiento y cierre ("completion") de tareas:</u>
El sistema de orden de trabajo debe asegurar que cada tarea ha sido confirmada y completada. En adición, debe asegurar que los componentes se han ubicado nuevamente en el lugar correspondiente. La documentación final debe identificar las condiciones observadas y la necesidad de algún procedimiento o frecuencia requerida. Esta debe completarse al momento de cierre y debe asegurar que se han completado e identificado posibles problemas en el sistema de confiabilidad. Debe haber revisiones de órdenes de trabajo en proceso y reportes de seguimiento para asegurar que se haya completado en un tiempo apropiado.

Ejecución de tareas de confiabilidad:

Es cuando el equipo falla al programar el mantenimiento. Debe realizarse una rutina de inspección en el equipo durante el incidente.

01 <u>Mantenimiento reactivo/correctivo:</u>
La falta de diagnostico de los problemas causa un mantenimiento reactivo de reparación incorrecta.
Nota: Los errores también pueden ser codificados bajo la misma categoría de adiestramiento o procedimientos.

02 <u>Mantenimiento preventivo:</u>
¿Es adecuado/suficiente la frecuencia del mantenimiento preventivo? Se debe tomar en consideración el tipo de componente y sus especificaciones. Errores relacionados a la realización incorrecta de la tarea de confiabilidad también se codificaran en esta categoría.

03 <u>Mantenimiento predictivo:</u>
De ser ineficiente la actividad de monitoreo, la misma puede fallar en detectar fallos en los componentes. ¿Se realizan actividades de monitoreo? ¿Se utilizan los

parámetros adecuados para detectar los fallos? ¿El mantenimiento predictivo se realiza por completo y adecuadamente? ¿La frecuencia o el tiempo de las inspecciones/pruebas es el correcto? ¿Las inspecciones incluyen los componentes esenciales?

04 Mantenimiento pro-activo:

El mantenimiento no es realizado cuando debió haber sido. La tarea fue realizada incorrectamente. El enfoque de la actividad no fue lo suficientemente abarcador. Deben existir pruebas funcionales que incluyan un programa predictivo.

05 Fallo identificando el mantenimiento

Fallas cultas contribuyen a eventos que no fueron identificados. Estos fallos deben ser detectados al probar el equipo.

Nota: Este tipo de mantenimiento usualmente aplica a sistemas secundarios "standby systems" o a la detección de fallas escondidas en el sistema.

06 Rondas de rutina de equipos:

Las responsabilidades rutinarias deben ser claras. Deben completarse inspecciones de rutina para los equipos. El personal debe estar alerta sobre los tipos de problemas que pueden surgir y como documentarlos utilizando los sistemas.

SISTEMAS

3. SISTEMAS ADMINISTRATIVOS Y GERENCIALES

a) **Estándares políticas o controles administrativos (SPAC) necesitan mejorar:**

El error es causado por estándares, políticas o controles administrativos inadecuados. Estos pudieron haber estado confusos, inexactos, incompletos, ambiguos o inadecuados.

01 SPACs:

Carencia de controles para una tarea particular o situación relacionada al incidente. Los controles aseguran el control y la calidad de la tarea.

02 No son suficientemente estrictos:

Los controles deben ser suficientemente rígidos en orden de proveer una calidad y control de trabajo adecuado.

03 Confusos o incompletos:

Estándares, políticas o controles administrativos confusos, ambiguos, incompletos, no específicos, difíciles de entender o interpretar.

04 Errores Técnicos:

Cuando existen hechos incorrectos o errores técnicos en los estándares, políticas o controles administrativos. Estos fallan al considerar todos los posibles escenarios o condiciones.

05 Las responsabilidades para la tareas no están bien definidas:

Los estándares, políticas o controles administrativos deben definir las responsabilidades de los artículos, grupos u organizaciones. Estas responsabilidades deben estar claras y aceptadas individualmente.

06 Requerimientos contradictorios:

No deben existir requerimientos contradictorios. El error ocurre al desviarse o violar un requerimiento siguiendo otro.

07 Los sistemas de seguimiento necesitan mejorar:

¿Cuan adecuados son los sistemas administrativos? Estos deben ser robustos, completos y estar al día. Deben tener la capacidad de manejar toda situación de un tiempo adecuado. Asegura que la calibración y el mantenimiento preventivo fueron realizados según requerido.

08 Procesos de selección de empleados necesita mejorar:

¿Es efectivo el programa de selección de empleados? ¿Identifica correctamente todos los requisitos para cada plaza en particular? El programa debe identificar los conocimientos, habilidades y destrezas necesarias para ejecutar la tarea efectivamente.

*Nota:*Los eventos identificados bajo esta categoría pueden identificarse dualmente bajo "las responsabilidades para la tareas no están adecuadamente definidas" "las acciones correctivas/preventivas no fueron implementadas adecuadamente" "las recomendaciones no fueron implementadas y "el diseño o implementación de los programas de equipos de confiabilidad necesita mejorar".

b) **Los estándares, políticas o controles administrativos (SPAC) no son utilizados**:

Los errores ocurren por no utilizar, adherirse, seguir o entender los (SPAC). Esto puede ser ocasionado por comunicación inadecuada para el cumplimiento de los (SPAC's), sus revisiones recientes, dificultad en su implementación o el ser provistos a una responsabilidad inadecuada.

01 La comunicación de los (SPAC) necesitan mejorar:
Los estándares, directivas o las políticas no son comunicados a la organización.

02 Cambios recientes:
Los cambios recientes en directivas o estándares organizacionales fallan al no ser comunicados a todos los niveles de la organización. ¿Estos cambios crearon confusión?

03 Cumplimiento:
¿En el pasado no se fué riguroso el requerir el cumplimiento de los SPAC's? Formas incorrectas de establecer el cumplimiento obligatorio. La falta de cumplimiento es aceptada por la gerencia.

04 Dificultad de implementación:
Incumplimiento de los SPAC's debido a su inexistencia en la organización o una implementación no práctica. ¿La implementación de estos controles obstaculiza la producción?

c) **Evaluación de riesgo de calidad/seguridad/peligro:**
Los errores son causados por un sistema inadecuado de evaluación de riesgos. El error puede ser atribuible a fallos al implementar recomendaciones como resultado de revisiones de riesgos de calidad/seguridad y/o peligros.

01 La evaluación de riesgos necesitan mejorar:
Las revisiones de riesgos deben ser completadas en su totalidad. Se deben considerar todos los elementos concernientes a la calidad, seguridad y confiabilidad operacional. Los errores pueden estar relacionados a una revisión inadecuada de los estándares aplicables.

02 No realizada:
¿Se realizan revisiones de riesgo/calidad/seguridad/ peligro?

03 Las recomendaciones no se han implementado:
Fallas al implementar recomendaciones concernientes a hallazgos en las revisiones de riesgo/calidad/seguridad/ peligro.

04 Los criterios de aceptación de riesgos necesitan mejorar:
¿Se documentan los criterios de aceptación de riesgo durante su revisión? ¿Se aceptaron riesgos durante la revisión que debieron ser reducidos/mitigados?

05 La revisión de procedimientos o el adiestramiento a los líderes necesita mejorar:
Errores relacionados a la revisión de los procedimientos de evaluación de riesgo de calidad/seguridad/ peligro. ¿Se provee una guía adecuada de la visión/propósito de la evaluación? ¿Se adiestró a todo el personal para el uso del procedimiento?
¿Los líderes fueron adiestrados y calificados en el procedimiento?

d) Problemas en los procesos de identificación, investigación y controles:
Los eventos son causados por fallas al identificar acciones correctivas/preventivas (CAPA) que eviten la recurrencia del evento. Deficiencias o fallos en la implementación de (CAPA's). Los "near misses" o factores causales no fueron reportados o investigados. Deficiencias en el análisis de raíz causa en previas investigaciones. Se clasifican bajo esta categoría los eventos/errores recurrentes, múltiples o similares.

01 El proceso de reportar eventos/problemas necesita mejorar:
Los empleados no reportan los eventos o factores causales de los problemas. Los empleados se han desmotivado en reportar

41

los eventos y factores causales por la conducta gerencial o las políticas establecidas. El sistema para reportar eventos no es efectivo. ¿Han ocurrido eventos previamente y no se han reportado o investigado formalmente/efectivamente?

02 El análisis de eventos e investigaciones necesita mejorar:
¿Los eventos son investigados adecuadamente? ¿Se determinan los factores causales y la raíz causa real de cada investigación? Los resultados deben estar propiamente documentados y categorizados.

03 Las acciones correctivas necesitan mejorar:
Fracasó la implementación de acciones correctivas. Estas no previnieron su recurrencia. Se deben identificar nuevas acciones correctivas y preventivas que eviten la recurrencia.

04 Las acciones correctivas/preventivas no se implementan a tiempo:
Las acciones correctivas/preventivas recomendadas para una deficiencia no fueron implementadas antes de la repetición del evento. Esto fue debido a demoras en diseño de proyectos, ciclo de implementación, programas de seguimiento de deficiencias, entre otros.

e) **Los controles de producto y materiales necesitan mejorar:**
Problemas relacionados al manejo de materiales, almacenaje, empaque o embarque. ¿Excedió el tiempo de duración del material? ¿Se substituyo un material sin la autorización correspondiente? ¿El almacenaje para las partes separadas es adecuado?

01 El manejo necesita mejorar:
¿El material/equipo sufrió daños durante su manejo? ¿Fue transportado el equipo de localidad durante el manejo?

02 El almacenaje necesita mejorar:
El material/producto fue almacenado de forma inapropiada. El almacenamiento ocasionó daños relacionados a la humedad, temperatura, etc.

03 El empaque necesita mejorar:
¿El empaque del material es apropiado? ¿Los daños están relacionaos a un empaque inapropiado? ¿El equipo estuvo

expuesto a diversas condiciones a causa de la deficiencia del empaque?

04 El proceso de embarque(envío/recibo) necesita mejorar:
¿Fue transportado el material adecuadamente? ¿Sufrió daños durante su embarque?

05 La vida útil se excedió:
¿El equipo, el material o sus partes han excedido su vida útil? ¿Estos se han utilizando después de su expiración?

06 Substitución de producto/material sin autorización:
¿La sustitución del material o alguna de sus partes fue incorrecta? ¿Los requerimientos prohíben la sustitución de materiales?

07 La inspección de producto/material necesita mejorar:
¿La inspección de productos o materiales fue realizada de acuerdo a los criterios de aceptación? ¿El error fue causado por falta de infección? ¿Los materiales, las partes manufacturadas y el producto final fueron inspeccionadas antes de su embarque?

f) Controles de compras necesitan mejorar:
Los errores son causados por controles inadecuados o cambios en las especificaciones u ordenen de compras. Bajo esta categoría se identifican los errores relacionados al incumpliendo del fabricante con los requisitos/especificaciones y con el recibo del material incorrecto. Fallas al aceptar material inaceptable o al igualar criterios de aceptación y los del diseño.

01 Los requerimientos de aceptación del producto no son aceptables a los del diseño:
El error ocurre al aceptar el artículo o producto incorrecto bajo unos criterios de aceptación diferentes a los establecidos en el diseño.

02 Control de cambios al establecer especificaciones y ordenes de compra:
Los cambios fueron establecidos sin las revisiones y aprobaciones adecuadas. Como resultado de los cambios, ¿se obtuvo un material incorrecto?

03 El producto manufacturado no cumple con sus requerimientos:
El producto no fue manufacturado de acuerdo a los requerimientos y especificaciones de la orden de compra.

04 Recibo del material incorrecto:
El material recibido no fue el ordenado. La inconsistencia debe ser reconocida. ¿Es devuelto el material recibido incorrectamente?

05 Los requisitos de aceptación de producto o servicios necesitan mejorar:
¿Se cumplen todos los criterios de aceptación de productos? ¿Están relacionados los criterios de seguridad y aceptación del producto? ¿Los requerimientos se establecen tomando en consideración la eficiencia?

g) Los controles de configuración y documentación necesitan mejorar:
Errores relacionados a dibujos/documentación incompleta o no actualizada. Controles inadecuados al realizar cambios en los documentos o diseños.

01 Los cambios no fueron revisados o identificados:
Ocurre el cambio sin la observación de cómo el cambio afecta. ¿Existe un sistema de control de cambios? Se deben realizar y documentar las evaluaciones de riesgo para los cambios.

02 Control y verificación de cambios de diseño o tareas necesitan mejorar:
¿Se revisan/retan los cambios ejecutados? Para retar los procesos críticos se deben documentar y retar utilizando una lista de cotejo u otras herramientas disponibles que aseguren la eficiencia de los cambios.

03 La documentación no esta actualizada:
Los cambios deben contemplar la actualización de dibujos y documentos. ¿Los documentos/diseños actuales reflejan el estado actual?

04 El control de documentos necesita mejorar:
¿Existe un sistema de control de documentos? ¿Este sistema permite la actualización de documentos? Este sistema debe tener todos los documentos necesarios disponibles.

ERROR HUMANO

4. PROCEDIMIENTOS

a) **Los procedimientos no son utilizados:**
El procedimiento no fue utilizado para ejecutar la tarea. ¿Existe un procedimiento para la tarea? ¿El sistema requiere que el procedimiento sea utilizado para ejecutar la tarea o lo requiere sólo para motivos de adiestramiento?

01 Disponible o difícil de obtener:
¿Esta disponible el procedimiento? ¿Había copias del procedimiento cerca de los ejecutores de la tarea? ¿Existe una copia principal "Master Copy" del procedimiento para su reproducción? ¿El uso del procedimiento es poco conveniente debido a las condiciones de trabajo?

02 Difícil de utilizar:
Se toma en consideración la experiencia y adiestramientos del usuario, en función de la dificultad en entender o seguir el procedimiento. Falta de información para identificar los procedimientos apropiados.

03 El uso no es requerido, pero debe serlo:
El procedimiento es usado para referencias o adiestramiento. Basado en la dificultad de la tarea el procedimiento debe clasificarse para uso en todo momento "Use Every Time".

04 No procedimiento para la tarea:
¿Existe un procedimiento para realizar la tarea?

b) **Confusos o mal enfocados:**
El evento fue causado por un error siguiendo o tratando de seguir el procedimiento. El diseño del procedimiento lleva a cometer errores.

01 Formato confuso o necesita mejorar:
El formato del procedimiento dificulta el utilizarlo y seguirlo. El formato es diferente al acostumbrado. Los pasos deben estar agrupados lógicamente. ¿Se consideraron los elementos de construcción del documento para la evitar errores humanos en los pasos escritos?

02 Mas de una acción por instrucción:
Errores relacionados a los procedimientos que incluyen pasos con más de una instrucción. ¿El procedimiento establece pasos que combinan más de una instrucción por paso? ¿Debieron estar separadas las instrucciones?

03 No hay espacios provistos para la verificación:
El error es causado a causa de la falta de espacios provistos para verificación de las tareas separadas.

04 Lista de cotejo inadecuada:
¿Causa confusión la lista de cotejo? Toda instrucción debe indicar claramente lo que es requerido. ¿Cada paso requiere una acción única?

05 Graficas necesitan mejorar:
Las gráficas o dibujos son presentadas con poca calidad, s6n confusas o ambiguas. Las gráficas, información y fichas técnicas son ilegibles.

06 Requerimientos o instrucciones ambiguas:
El procedimiento contiene instrucciones confusas y difíciles de interpretar en más de una forma. El lenguaje o la gramática son complejos inadecuados o confusos.

07 Los cómputos e información son inadecuados o incompletos:
El error es causado al transferir o grabar data. ¿Los cálculos se son incorrectos? ¿La formula o la ecuación es confusa? ¿Estos contienen varios pasos difíciles de seguir?

08 La identificación de equipos necesita mejorar:
¿La identificación de equipos es muy genérica? ¿La identificación o el etiquetado cumplen con lo establecido en el procedimiento?

09 Exceso de referencias:
¿El procedimiento hace referencias a un sinnúmero de procedimientos adicionales? El procedimiento es difícil de seguir debido a una excesiva ramificación de otros procedimientos para completar la tarea.

10 Referencias de varias áreas:
¿Las referencias a diferentes áreas y procesos contribuyen al error?

11 La identificación de pasos revisados necesita mejorar:
El procedimiento requiere acciones diferentes a las que el operador esta acostumbrado. El procedimiento establece que estas acciones sean revisadas.

12 La presentación de los límites necesita mejorar:

¿Los límites son expresados clara y consistentemente? Los límites o rangos son expresados en números absolutos en lugar de formatos de $\pm$.

Ejemplos: El rango establecido es entre: 70 ± 5 en lugar de: 65-75.

c) **Incompletos/incorrecto:**

El procedimiento falla al incorporar situaciones necesarias durante la realización de la tarea. El procedimiento no contempla situaciones que pudieran ser requeridas al momento de realizar la tarea. El procedimiento contiene información incorrecta.

01 Errores tipográficos:

¿El evento esta relacionado a errores tipográficos del procedimiento?

02 Secuencia incorrecta:

Las instrucciones o pasos del procedimiento están fuera de secuencia.

03 Los requisitos son equivocados o incorrectos:

La información específica del procedimiento esta incorrecta. ¿El procedimiento refleja la configuración del equipo? ¿El procedimiento establece requisitos actualizados?

04 Uso de la revisión equivocada:

¿Se utilizo la revisión equivocada del procedimiento?

05 Inconsistencia entre los requerimientos:

Procedimientos diferentes hacen referencia a una tarea en particular con requerimientos diferentes. Inconsistencia entre diferentes pasos en el mismo procedimiento.

06 Situación incompleta o no cubierta:

Los detalles del procedimiento no están completos. La información presentada no es suficiente. El procedimiento no contempla todas las situaciones criticas que ocurren durante la realización de tarea.

5. INGENIERIA DE FACTORES HUMANOS

a) **Segregación/organización/distribución del lugar de trabajo:**
¿Los controles o el lugar de trabajo contribuyen al error? Fallos al etiquetar y en la exhibición de los equipos. ¿Diferencia entre los equipos o áreas y procesos contribuyen al error? ¿Segregación de áreas es apropiada?

01 Controles necesitan mejorar:
¿Los controles del equipo o sistemas (botones para presionar, receptáculos, entre otros) contribuyen al error? ¿El control falló en proveer un rango de control adecuado para la función realizada? ¿Existen controles adecuados que evitan la activación accidental? ¿Los controles pueden distinguirse uno de otros?

02 El "display" necesita mejorar:
¿El "display" es inadecuado o los sistemas pueden contribuir a la ocurrencia de errores? Este falla al no proveer la información sobre el estatus actual del sistema. ¿La configuración en el "display" dificulta la lectura o interpretación de la información? ¿El sistema requiere cambiar información antes de su uso? ¿La información es redundante o innecesaria y contribuye al error?

03 La integración de los "displays" y los controles necesitan mejorar:
¿La proximidad entre los controles y la pantalla de exhibición ocasionó el error? ¿La exhibición es bloqueada durante el manejo de los controles? ¿El usuario conoce la relación entre los controles y su exhibición? ¿Lo que presenta la pantalla de exhibición es consistente y simultaneo a los cambios que se hacen en los controles?

04 "Layouts" inconsistentes:
Diferencias en la pantalla de exhibición, controles o equipos entre los diferentes procesos o áreas se contradicen.

05 El alcance necesita mejorar:
El error es causado por un arreglo deficiente/limitado o la colocación de los equipos es inadecuada. La falta de coordinación entre las características humanas y las facilidades físicas, ambiente o equipos también son factores que contribuyen a errores bajo esta categoría.

06 Rótulos/etiquetas deben mejorar:
Errores en la claridad de la rotulación es inadecuada para los controles, pantallas de exhibición, equipos y materiales. ¿Están los equipos correctamente identificados? ¿Los rótulos o etiquetas son difíciles de leer, están incorrectos o confusos?

b) Ambiente de trabajo:
Bajo esta categoría encontramos las deficiencias relacionadas al ambiente de trabajo tales como, exceso de calor o frió, iluminación inadecuada, vestimenta de seguridad o exceso de ruido.

01 "Housekeeping " necesita mejorar:
Las condiciones deficientes del ambiente de trabajo entorpecen la calidad del trabajo realizado. ¿Es el lugar de trabajo un lugar inseguro?

02 El temperatura necesita mejorar:
¿El evento es causado por una excesiva exposición del personal en un ambiente de frío o calor?
Ejemplo:
Poca ventilación, ventilación inadecuada o pobre calidad de aire.

03 La iluminación necesita mejorar:
¿Los niveles de iluminación son adecuados para realizar la tarea? ¿Estos niveles varían entre las estaciones de trabajo? ¿Las áreas de inspección visual proveen iluminación adecuada para realizar la tarea?

04 Ruidos excesivos:
El desempeño del empleado disminuye por distracción o ruidos excesos en el ambiente de trabajo. ¿Las alarmas se pueden detectar adecuadamente? ¿Las instrucciones se pueden comunicar efectivamente? ¿Hubo distracción auditiva, irritación o fatiga del personal causada por ruido excesivo?

05 El equipo de protección personal necesita mejorar:
¿El evento esta relacionado a la vestimenta de seguridad? ¿El equipo de seguridad interfiere con la operación? La vestimenta de seguridad disminuye los sentidos necesarios para ejecutar la tarea (visual, auditivo, tacto, olfato). ¿Se requiere un uso prolongado de la vestimenta de seguridad o cambios frecuentes de vestimenta?

06 <u>Otros condiciones ambientales estresantes:</u>
¿El ambiente de trabajo es cómodo, ordenado, limpio y saludable para ejecutar la tarea? ¿Las tareas comienzan con tiempo y con previo aviso? ¿Estas se pueden ejecutar en un periodo aceptable de tiempo? ¿Las tareas duran cantidades de tiempo aceptables para el personal?

c) **<u>Carga de trabajo:</u>**
Los errores son causados por complicaciones en situaciones o sistemas que requieren la toma de dediciones basada en conocimiento y resultados exitosos. ¿La complejidad en el control de los sistemas contribuyó al error? ¿El sistema requiere procesos mentales o monitoreos irreales?

01 <u>La toma de decisiones es basada en el conocimiento y juicio:</u>
Los errores son causados por complicaciones en situaciones o sistemas que requieren toma de dediciones basada en conocimiento y resultados exitosos.
Nota:
Las decisiones basadas en el conocimiento requieren un razonamiento basado en conocimiento y comprensión de los sistemas. Estas decisiones no son basadas en adiestramiento o reglas. Las decisiones basadas en el conocimiento y juicio usualmente causan más errores que las decisiones basadas en las reglas.

02 <u>Excesivo control de acción requerido:</u>
Errores relacionados a la complejidad de los controles en los sistemas o equipos. ¿Los sistemas se pueden diseñar con controles más simples para reducir la probabilidad de errores?

03 <u>Monitoreo irreal requerido:</u>
El sistema requiere exceso de monitoreo simultáneo causando sobrecarga y fallos al identificar información importante.
Nota: Estudios del desempeño humano reflejan que la vigilancia durante el monitoreo disminuye las durante las horas adicionales de trabajo "overtime".

04 <u>Requerimiento excesivo de lógica, matemática y memoria:</u>
¿El sistema requiere procesos mentales o monitoreos irreales? ¿El personal tiene que trabajar con secuencias lógicas o

50

matemática complicadas que requiere memoria sin el beneficio de instrucciones escritas? ¿La tarea requiere memorizar exceso de información?

d) Sistema Intolerante:

¿El personal o sistema esta capacitado para detectar errores (lectura de instrumentos o alarmas) en el sistema durante y después de la ocurrencia? ¿El diseño del sistema permite detectar errores antes de que ocurran?

01 Errores no detectables:

¿Esta el personal capacitado para detectar errores durante o después de la ocurrencia? ¿Han ocurrido errores no detectados debido a la falta de monitoreo del sistema? Las tareas críticas o de seguridad deben tener un sistema de detección de errores confiable.

02 Error no recuperables:

El equipo/proceso esta diseñado de tal manera que imposibilita la recuperación de errores detectados antes de sus consecuencias. Los procesos deben ser diseñados de forma tal que las tareas/pasos críticos o de parámetros de seguridad/calidad puedan ser capturadas antes de que la consecuencia cause una perdida irrecuperable.

6. ADIESTRAMIENTO

a) No adiestramiento:

No se ha desarrollado un programa de adiestramiento para la tarea. No se han identificado los requisitos de adiestramiento. Por lo tanto, no se ha adiestrado o… ¿Se tomo la decisión de no adiestrar para la tarea?

01 Decisión de no adiestrar:

¿Se decidió no proveer un adiestramiento específico para la tarea? ¿A algunos empleados no se les requirió el adiestramiento? ¿Se considera la experiencia como un sustituto del adiestramiento?

Nota:
Problemas bajo esta categoría requiere evaluarse bajo "Sistemas Administrativos".

02 Los requerimientos de adiestramiento no se han identificado:
¿Se adiestra en los cursos requeridos? ¿No se han identificado los requisitos de adiestramiento? Se requiere definir el adiestramiento de acuerdo a la descripción del puesto/tarea.

b) El sistema de documentación de adiestramiento necesita mejorar:
El sistema de expedientes de adiestramiento no esta actualizado por lo que no refleja la realidad de los adiestramientos completados. ¿Estos registros son utilizados para asignar a los empleados a sus tareas?

01 El record de adiestramiento es incorrecto:
El sistema refleja adiestramientos que el empleado no ha recibido. ¿Los reportes reflejan la calificación correcta del empleado?

02 Los expedientes de adiestramiento no están actualizados:
¿El reporte de adiestramiento refleja el estatus actual del empleado? ¿La calificación expirada se refleja en los reportes?

c) **El adiestramiento necesita mejorar:**
¿Se realizo un análisis adecuado de la tarea? ¿El diseño del programa y los objetivos fueron completados? ¿El adiestrador y las facilidades del adiestramiento fueron adecuados? ¿Las pruebas miden la habilidad para realizar las tareas? ¿Los adiestramientos reflejan las condiciones de trabajo real, normal y de emergencia?

01 El análisis de la tarea/ puesto necesita mejorar:
¿Se realizo un análisis de puesto o tarea? ¿Se identificaron correctamente las destrezas y el conocimiento necesario para ejecutar la tarea? ¿Se evaluaron los pasos requeridos para completar exitosamente la tarea?

02 El diseño del programa necesita mejorar:
Si la tarea es de ejecución, ¿el adiestramiento se realizó en el área de trabajo o en un área similar? Si el adiestramiento es de

teoría, ¿se realizó en un salón de clases y con las instrucciones necesarias?

03 Los objetivos del adiestramiento necesitan mejorar:
¿El contenido de las lecciones es adecuado? ¿El contenido refleja la realidad de la tarea? ¿Las instrucciones son claras y permiten la ejecución adecuada de la tarea?

04 El contenido de las lecciones necesita mejorar:
¿El contenido de las lecciones refleja la realidad de la tarea? ¿El contenido ayuda a realizar la tarea exitosamente?

05 El adiestramiento en el lugar de trabajo "On-the-Job" necesita mejorar:
¿El adiestramiento provee oportunidades de desarrollar las destrezas necesarias para ejecutar la tarea? El adiestramiento debe contener tanto teoría como práctica de la tarea.

06 Las pruebas de calificación necesitan mejorar:
¿Las pruebas cubren todo el conocimiento y destrezas necesarias para la tarea? ¿Los elementos críticos son medidos?

07 La frecuencia de las evaluaciones necesita mejorar:
¿Se ofrece adiestramiento con frecuencia para refrescar el conocimiento? Al incorporarse un cambio, ¿se re-adiestra al personal adecuadamente?

08 Equipo utilizado para el adiestramiento necesita mejorar:
¿El equipo es adecuado? ¿El equipo y los materiales promueven la participación y el aprendizaje?

09 La calificación de instructores debe mejorar:
¿La calificación de instructores es adecuada? ¿Esta incluye todo lo necesario asegurar un adiestramiento efectivo en la tarea? ¿El instructor esta cualificado en la tarea que enseña?

10 El adiestramiento en nuevos métodos necesita mejorar:
¿Se ofrece adiestramiento cuando hay cambios o se establecen nuevos métodos para la tarea? ¿El adiestramiento contempla el uso de nuevo equipo o material?

11 Adiestramiento para eventos inesperados o de emergencia necesita mejorar:
¿Se ofrece adiestramiento sobre eventos inesperados, de emergencia y contingencias? ¿La frecuencia de estos es adecuada? ¿Incluye los elementos necesarios?

12 Los estándares de calificación necesitan mejorar:
¿Los requerimientos para la calificación son lo
suficientemente rigurosos? ¿El adiestramiento permite realizar
la tarea bajo condiciones normales, fuera de lo común y
situaciones de emergencia?

7. SUPERVISION INMEDIATA

a) Preparación:
La supervisión inmediata falla en proveer la adecuada
preparación, planes o rondas de trabajo. Potenciales
interrupciones o circunstancias especiales son identificadas antes
de comenzar. ¿Se asigna suficiente personal para realizar las
tareas y para las acciones de verificación?

01 No preparación:
La supervisión inmediata falla al no proveer preparación
alguna para realizar las tareas.
Ejemplos: Instrucciones, planes de trabajo, rondas de trabajo,
supervisión.

02 Los planes de trabajo necesitan mejorar:
La supervisón inmediata provee un plan de trabajo incorrecto,
incompleto o inadecuado para realizar la tarea.

03 Instrucciones a empleados necesitan mejorar:
La supervisón inmediata provee instrucciones incorrectas,
incompletas o inadecuadas antes de comenzar la tarea.

04 Rondas de trabajo necesitan mejorar:
Las rondas de trabajo realizadas por la supervisión inmediata
no son adecuadas. Estas deben efectuarse antes de comenzar
la tarea.

05 El itinerario no es adecuado:
El supervisor inmediato falla al no identificar la cantidad de
personal necesario y disponible para efectuar la tarea de forma
eficiente. Resultan en un exceso las tareas a asignadas al
empleado o en una distribución de tareas inadecuadas el no
planificar bien el itinerario de trabajo.

06 Selección y asignación de empleados necesita mejorar:
La supervisión inmediata falla durante la selección de
empleados capacitados para realizar la tarea. ¿Los empleados

seleccionados poseían las calificaciones adecuadas para realizar la tarea?

b) **Supervisión durante la tarea:**

La supervisión inmediata falla al no proveer el apoyo, cobertura o supervisión necesaria durante la tarea.

01 No supervisión:

La supervisión inmediata falla al no estar presente durante tarea o no proveer apoyo o relevo durante la tarea cuando su presencia es requerida.

02 Supervisión necesita mejorar:

La supervisión es inadecuada o no suficiente durante la ejecución de la tarea. El contacto con los empleados no es conducido frecuentemente. Las tareas interfieren con sus roles.

8. COMUNICACION

a) **No hay comunicación o la comunicación estar fuera de tiempo:**

El problema es causado por una comunicación deficiente. La información no se recibe o es recibida demasiado tarde o retrasada.

01 Los métodos no están disponibles o necesitan mejorar:

¿Existen sistemas para comunicar mensajes o información necesaria? ¿Los sistemas de comunicación estuvieron fuera de servicio al momento del incidente?

02 La comunicación entre grupos de trabajo necesita mejorar:

Deficiencias en la comunicación entre grupos de trabajo (producción, técnicos, constricción, turnos, entre otros). ¿Existen métodos de comunicación entre grupos?

03 La comunicación entre empleados y la gerencia necesita mejorar:

¿La falta de comunicación entre la gerencia y los empleados contribuye a error? ¿La gerencia comunica efectivamente las políticas a sus empleados?

04 La comunicación con los contratistas necesita mejorar:

¿Los contratistas están enterados sobre los cambios en las políticas o procedimientos? ¿hay programas formales de comunicación con los proveedores de servicios externos?

05 La comunicación con los clientes (internos/externos) necesita mejorar:
   ¿Existen problemas comunicando información a los clientes? ¿Los clientes están disponibles en comunicar sus necesidades a la compañía? ¿La compañía responde las solicitudes de los clientes? ¿Las llamadas son devueltas y las mensajes son reconocidos?

b) **Comunicación mal interpretada:**
   ¿El error fue causado por confusión en la comunicación? ¿La confusión fue durante la comunicación verbal? ¿La confusión fue a causa de una señal manual? ¿Se han confundido signos?

   01 No se utiliza terminología común o estandarizada:
      La comunicación fue interpretada en más de una forma. ¿Algún equipo o pieza se le conoce con más de dos nombres diferentes?

   02 La verificación o repetición no es utilizada:
      El error es causado debido a la repetición de los mensajes. El mismo no alcanzo a la persona deseada y el mensaje fue distorsionado.

   03 Mensajes extensos:
      Los mensajes o las instrucciones extensas son confundidos. Estas deben ser cortas y precisas.

   04 Interferencia durante la comunicación:
      Los ruidos o interferencias provocan confusión para entender comunicaciones orales.

c) **La comunicación entre los cambios de turno necesita mejorar:**
   La comunicación entre los turnos es incorrecta, incompleta o inadecuada.

   01 La comunicación entre el personal de turno necesita mejorar:
      La comunicación entre el personal de turno es incorrecta, incompleta o inadecuada. ¿Se han identificado más de un método de comunicación efectivos?

56

02 Comunicación entre el personal durante cambios de turno necesita mejorar:
La comunicación entre el personal durante los cambios de turnos es incorrecta, incompleta o inadecuada.

9. DESEMPENO DEL PERSONAL

a) Desliz/Lapso "slip/lapse":
El error se debió a una acción no intencionada, falta de memoria en el momento del evento o falla en los niveles de atención.

b) Equivocación "mistake":
No intencional. Fallo en juicio o proceso de pensamiento inferencial. No intención de daño.

c) Violación:
Evento repetido del individuo. El ejecutor conocía las posibles consecuencias e infirió que no habría falla.

d) Otros:

No se deben perder de perspectiva las siguientes condiciones de error. No obstante las mismas presuponen un diagnóstico de profesionales del campo de la psicología o la medicina.

- Capacidades sensoriales:
El problema es relacionado a las capacidades sensoriales del empleado (visión, audición entre otros). Las capacidades sensoriales y preceptúales del personal no se han tomado en cuenta.

- Capacidades de razonamiento:
El problema es causado por inadecuada capacidad intelectual del personal.

- Capacidades físico-motoras:
El factor causal del evento pudo relacionarse a problemas en la coordinación o fortaleza física para ejecutar la tarea.

- Atención/Actitudes necesitan mejorar:
El problema es causado por la insuficiente/inadecuada actitud de parte del individuo.

- Fatiga del personal:
El incidente esta relacionado al agotamiento físico del empleado.

- Condiciones personales o medicación del personal:
¿El empleado atraviesa experiencias personales que afectan su desempeño laboral? ¿El empleado esta bajo medicamentos que afectan la ejecución segura o adecuada de la tarea?

5.

Determinación de Raíz Causa

Raíz Causa

El tema de raíz causa, al igual que el de error humano, es uno controversial en la literatura. Sydney Deckcer en su libro "La guía de campo para la investigación del error humano", (2002) debate que no existe tal cosa como la causa principal o causa a raíz. Menciona, que si buscamos lo suficiente, la vamos a encontrar. "La raíz causa no es algo que se encuentra sino más bien algo que se construye". También menciona que en ocasiones pensamos que podemos hacer una distinción clara entre una causa humana y una causa mecánica. Que entendemos que podemos diferenciar uno o el otro. "Esto es una simplificación, una vez reconozcamos la complejidad de los caminos que nos conducen hacia los fallos, nos daremos cuenta de que esta distinción entre mecánico y humano es turbulenta y en ocasiones difícil de mantener". Decker, S. (2002).

Otra manera de verlo es entendiendo que los efectos tienen causas. Estas causas pueden ser creadas por el hombre, pueden estar activas o latentes, pueden ser iniciadoras o permisivas de un evento, pueden estar visibles o pueden estar escondidas. Cooke, D. (2003).

De todos modos resulta una buena práctica utilizar el término "raíz causa" con el propósito de provocar una búsqueda profunda de razones que nos ayuden a tomar acciones informadas.

Habiendo dicho esto, para poder determinar raíz causa debemos comenzar conociendo cuidadosamente la definición.

La raíz causa se define como esa causa inicial de la cadena de elementos que dirige a un resultado o efecto de interés. Esta, comúnmente es usada para describir la profundidad en la cadena causal cuando una intervención podría razonablemente ser implementada para provocar cambio en el desempeño y prevenir un resultado indeseable.

Como se mencionara anteriormente, la definición de raíz causa ha sido algo controversial en la literatura. Entre los debates con relación al tema han existido dos posturas fundamentales. Una de ellas sostiene que, una causa existe, para *cada uno* de los factores contribuyentes que aportan y que son necesarios para que se produzca un resultado en particular. Esta postura multi-causal presupone que, todas las causas son necesarias para que el fenómeno en cuestión ocurra. Siendo esto así entonces solo la eliminación de **todas** las causas identificadas evitarían la re-ocurrencia del error.

Por otro lado, existe la postura de causa singular (mono-causal) en donde hay *una* sola causa, la cual al ser eliminada previene totalmente la ocurrencia del error. En este contexto, la existencia de *una* sola causa dominante por sobre todas las demás posibles causas, define lo que se llamaríamos raíz causa.

Independiente de cualquiera que sea la escuela de pensamiento, el proceso de determinación de causa no debe variar. En el proceso de investigación de errores humanos, como de cualquier otro tipo de investigación, se identifican casos multi-causales como mono-causales. Entendiendo que la conducta humana es influenciada por múltiples variables. En el proceso de investigación de errores humanos, lo más importante es entender que la raíz causa debe ser **esa** condición que cumpla con tres condiciones básicas:

1. El evento no debe ocurrir si esa causa no esta presente.

2. La raíz causa explica el evento.

3. Al ser removida esa causa, se evita o considerablemente se reduce la probabilidad de que el fenómeno en cuestión se repita.

Los cinco ¿Por qué?

Cuando comenzamos a hablar de la conducta humana mencionamos que lo importante en el proceso de investigación de errores humanos no es tratar de explicar lo que la gente hace o no hace, o quién lo hace. Se mencionaba acerca de enfocar nuestra investigación a tratar de explicar el ¿por qué? la gente hace o no hace determinada acción. Considerando que es el **¿Por qué?** lo que perseguimos en un proceso de investigación debemos utilizar la técnica de investigación de los cinco porque.

El utilizar la técnica de los cinco por qué en cierta manera obliga a que la investigación llegue a la profundidad necesaria para llegar a las causas. De este modo cuidamos el que no se profundice lo suficiente y el que se pierdan de perspectiva las condiciones que realmente resolverían la situación.

Los "cinco porque" es un método utilizado para explorar la relación causa y efecto subyacentes de un problema en particular. En última instancia la mitad de la aplicación del método de los cinco porque es determinar la causa de algún defecto problema, en este caso; el error humano. Está postulado que cinco iteraciones o insistir a cinco niveles con la pregunta ¿por qué? es generalmente suficiente para llegar a una raíz causa. Lo que persigue es motivar al investigador a continuar la cadena de causalidad evitando suposiciones.

En la tabla de raíz causa existen cinco niveles de profundidad bi-direccional, esto es, de lo general a lo específico y de lo específico a lo general dependiendo de la dirección en la cual se utilice. Cuando el propósito es determinar causa, la dirección es del uno al cinco. Cuando el propósito es explicar el evento la dirección es del cinco al uno.

Debemos tener claro que en las investigaciones de error humano el error se convierte en el evento, el cual queremos investigar. Queremos saber el ¿porqué? la persona cometió el error. Por lo tanto, el error se convierte en ese problema o fenómeno de investigación.

Ejemplo #1:
Se obtiene un dato fuera de especificación… (Evento)
…por un error matemático (causa inicial/el problema).
Factores Identificados-5 ¿por que?:
  1. ¿Por qué #1? Se cometió un error en el cálculo.

61

2. ¿Por qué #2?- No se incluyó un dato matemático necesario del proceso.

3. ¿Por qué #3?- No se estaba claro que ese dato era requerido en este punto del proceso en particular.

4. ¿Por qué #4?- No se utilizó procedimiento.

5. ¿Por qué #5?- No existe procedimiento para esa tarea.

En este ejemplo podemos ver como al no tener un procedimiento establecido de *cuando* es requerido *que,* la acción o ejecución de éste paso depende totalmente de la interpretación individual de quien ejecuta la tarea. Algún empleado con mayor experiencia, pudiera tomar una buena decisión en el momento e incluir el dato. Por otro lado, el adiestramiento pudiera o no incluir esa porción de la información debido a que no existe una instrucción formal de la ejecución del paso en ningún procedimiento.

Contestando los factores:

Factor #2 ¿Por qué no se incluyó un dato matemático necesario del proceso?

Ofreciendo un adiestramiento para aclarar la importancia de incluir ese cálculo, probablemente ayudaría a que **ese** error no se cometiera. No obstante, esta solución no promete que a largo plazo este tipo de error no vuelva a ocurrir en otros cálculos similares.

Factor # 3: ¿Por qué no se estaba claro que ese dato era requerido en este punto del proceso en particular?

Este factor se encargaría de que algún otro dato se omitiera. El incluir la información que faltaba en el lugar requerido, factor #2, corrige el problema existente pero el factor #3 se encargaría de que volviera ocurrir. Repetir la importancia de utilizar los procedimientos y explicar el proceso que se debe llevar a cabo no evitaría su ocurrencia en otros procesos tampoco.

Factor # 4: ¿Por qué no se utilizó el procedimiento?

Este factor aclararía la expectativa de seguir las instrucciones, pero al no existir un procedimiento para ejecutar ese cálculo el usarlo no era posible.

Factor # 5: ¿Por qué no existe procedimiento para esa tarea?

Es cuando finalmente, vamos a asegurar de que eso no ocurra. El entender que falló en los sistemas de análisis de riesgo o análisis de tareas que no identificó la necesidad de tener un procedimiento para esa tarea es lo que nos va a ayudar a corregir la situación de forma generalizada.

En la mayoría de las ocasiones el investigador pararía el proceso de análisis de raíz causa en este último argumento. La solución a este problema y otros problemas potenciales, es la creación de un procedimiento detallado lo cual finalmente atiende directamente el factor # 5, la verdadera raíz causa.

Una de las dificultades durante el análisis de raíz causa es saber cuándo parar. Algunos podrían pensar que podríamos continuar el

63

proceso hasta preguntarnos quien no desarrollo el procedimiento y culpar las personas que eran responsables por el desarrollo de los mismos. ¿Por qué no desarrollaron un procedimiento?

La realidad es que hay muy poco acuerdo en términos de qué condiciones son razonables para ser consideradas como raíces causas. Davies, J., Alastair R., Brendan, W., and Wright, L. (2003) en su libro "Safety management: A qualitative systems approach", menciona que existe una visión que, en teoría, se tendría que volver al punto teológico de la creación para poder encontrar la real raíz causa. Un punto de vista alternativo es que uno necesita solamente considerar los factores incluidos dentro de los límites del sistema que exhibe el problema. Es el contexto y la aplicación de lo investigado lo que define el nivel de profundidad de la búsqueda de información. Los beneficios de encontrar "CAPA's" más profundos de las causas comienzan a disminuir de un punto en adelante. La aplicación práctica del análisis de raíz causa debe profundizar hasta donde el beneficio de las respuestas, sea más, que el esfuerzo de la búsqueda.

Lamentablemente esta es una situación que en ocasiones nos confunde y crea la ilusión de haber descubierto la raíz causa. Esto es particularmente peligroso cuando reconocemos la importancia de mitigar y prevenir la recurrencia. La raíz causa es ese elemento crítico que asegura el éxito o el fracaso de la implementación de las acciones correctivas y preventivas. De la efectividad de éstas hablaremos en el siguiente capítulo.

Regresando a nuestro ejemplo, ciertamente este es un error humano de omisión. También es importante mencionar que el error **no** está directamente relacionado al individuo. Cualquier individuo en las mismas condiciones que el ejecutor pudo haber cometido el mismo error. Por esta razón una acción disciplinaria al individuo que comete el error no garantiza que la condición de error se elimine. Tampoco la eliminación del individuo que ejecuto la tarea va a prevenir que otra persona cometa el mismo error. Por otro lado, la creación de un procedimiento claro de la tarea, además de asistir en el proceso de adiestramiento, facilitaría la consistencia en la ejecución del proceso. Esto reduce considerablemente la probabilidad de errores. Más aún, el asegurar que las tareas críticas son identificadas y que existen procedimientos para las mismas va a evitar que se un evento similar ocurra en otras áreas.

Validación de la Raíz Causa

Para el proceso de determinación de raíz causa es muy importante someter a reto todas y cada una de las causas identificadas. El reto de ésta es importante porque queremos asegurar que lo que ha sido identificado realmente explica el evento. Una vez la raíz causa está bien identificada, lo próximo es seleccionar cuáles serán las acciones correctivas y las acciones preventivas. Estas acciones, determinan el plan de acción que se llevará a cabo para eliminar las condiciones que dieron origen al evento que queremos prevenir. Por esta razón, la importancia de asegurar que realmente estamos atendiendo los elementos correctos depende totalmente de la determinación acertada de la raíz causa.

Con el propósito de asegurar que la determinación es la correcta, las causas deben ser sometidas a un proceso de validación contestando las siguientes preguntas:

1. De no haber estado presente la causa el evento identificada ¿El evento hubiera ocurrido?- Basado en la información que conocemos del evento, podemos decir con seguridad, que si la causa no estuviera presente el evento no ocurriría.

2. ¿La causa explica el evento?- Cuando analizamos la información acerca de la causa, de una forma lógica, la misma explica la ocurrencia del evento.

3. Si esa condición se elimina, ¿se previene o disminuye considerablemente la probabilidad de que ese evento o eventos similares vuelvan ocurrir?- Las acciones para remover/prevenir el evento van a prevenir eventos similares en otras condiciones similares.

Si la respuesta es afirmativa, la raíz causa ha sido correctamente identificada.

6.

Acciones Correctivas, Preventivas y su Efectividad

Una vez completado el proceso de determinación de raíz causa el próximo paso es la formulación de las acciones tanto correctivas como preventivas. Estas deben asegurar que los eventos no vuelvan a ocurrir. Este es el punto en el proceso en donde el valor de haber completado una investigación con calidad manifiesta sus beneficios.

Por definición, la formulación de CAPA's, es la reacción generada por un problema existente o una situación fuera de especificación. La expectativa de este paso es arreglar la condición que causo el evento. El propósito es corregir y evitar su recurrencia. En cambio, estos dos términos comúnmente son confundidos entre sí.

Acciones correctivas

Una acción correctiva es un cambio que se implementa para atender una debilidad identificada en un sistema. Normalmente la acción correctiva se establece en respuesta de algún evento adverso o queja de algún cliente previamente identificado.

El proceso de determinación de la acción correctiva persigue el que se identifiquen las acciones que se pueden tomar para prevenir y mitigar esta limitación *existente* en el sistema de forma inmediata. Nos referimos a estas acciones como medidas para contrarrestar alguna condición.

Cuando es posible, el análisis de las acciones correctivas, debe considerar otras áreas, productos o procesos que podrían ser afectados por el mismo problema. Este debe evaluar la viabilidad de contrarrestar esas limitaciones de forma generalizada. Algunos ejemplos de acciones correctivas son alarmas, rediseño de procesos, adiestramiento mejoras a diferentes sistemas.

Acciones preventivas:

Una acción preventiva es el cambio que se implementa para atender alguna debilidad en el sistema que todavía no ha sido responsable de la causa de una desviación o evento adverso. Candidatos para acciones preventivas generalmente resultan como parte del proceso de la investigación en donde se identifican oportunidades de forma proactiva para el mejoramiento y prevención. Las acciones preventivas van más allá que una simple reacción a problemas previamente identificados. Algunos ejemplos de acciones preventivas pueden ser la revisión de procesos de compra, re-diseños, desarrollo de procedimientos, entre otros.

Por lo tanto la formulación de acciones preventivas persiguen detectar problemas potenciales o situaciones fuera de especificación *potenciales* para eliminarlos antes de que ocurran.

Error Humano y CAPA

La expectativa en el proceso de investigación de errores humanos es que podamos identificar y establecer tanto las acciones correctivas como las preventivas. A su vez, facilitar la modificación de la conducta. Para lograr esto, el análisis del problema debe ir acompañado de un profundo análisis de variables que modifiquen la conducta humana.

Factores de modificación de conducta

La mayor parte de la conducta humana es "no intencional", llevada a cabo automáticamente. Esa conducta inconsciente o automática es la protagonista de muchos errores humanos. Es esta la conducta que queremos "manipular" para que trabaje en favor de nosotros y no en contra de nosotros.

En el proceso de formulación de acciones correctivas y preventivas debemos identificar cuidadosamente cuáles son esos factores que alteran la conducta de las personas cuando hacen sus trabajos. Si hablamos de equipos en forma de comparación podríamos decir que los factores de modificación de conducta de los equipos pueden ser control de vibración, lubricación, temperatura, voltaje, etc. Aplicando esto a los seres humanos, nos referimos a identificar estos factores que moldean el desempeño humano que necesitamos para trabajar de una forma productiva.

En la guía de categorías y factores para investigación de errores humanos presentada anteriormente, se presentan en las categorías de análisis de raíz causa factores de modificación de conducta. Son esos mismos factores los que usamos para explicar el fenómeno que, si son manipulados con el propósito de generar el efecto opuesto, se convierten en nuestros factores de modificación de conducta.

Tomando como ejemplo cuando existe un procedimiento que, al estar incompleto, causa una desviación la acción correctiva se dirigiría a la revisión de ese procedimiento *(existente)* para incluir esa instrucción ausente. Por otro lado, la acción preventiva iría dirigida a identificar que otras instrucciones y situaciones podrían estar ausentes en ese proceso e identificar otros procedimientos *(potenciales)* que podrían sufrir de la misma condición, antes de que ocurra una desviación que contenga la misma raíz causa.

Básicamente, el proceso de establecimiento de acciones correctivas y preventivas para errores humanos es aplicar de forma inductiva (de lo especifico a lo general) el reto de la determinación de raíz causa. Si la aplicación de la tabla de raíz causa **explica** la causa del error, la aplicación invertida de la misma, **predice** la condición latente de error permitiendo eliminarla antes de que ocurra.

Prevención de Error Humano

Una vez tenemos la capacidad de predecir los errores humanos latentes en nuestros sistemas, lo más importante es prevenir su ocurrencia.

Ciertamente, decidir qué acciones tomar para prevenir errores puede ser un arte difícil. Esta actividad pudiera requerir que equipos multidisciplinarios trabajen en conjunto identificando las acciones a llevar a cabo. Existen innumerables posibilidades de acciones que se pueden implementar. Desde la automatización hasta cotejos manuales, todos pudieran ser efectivos. Lo importante es asegurar que al momento de determinar esas acciones que serán implementadas:

1. La preferencia sea una que elimine totalmente la posibilidad de un error (controles de ingeniería y la automatización).

2. La última opción sea delegar, nuevamente, a un segundo "humano" un sistema de cotejo o redundancias en las tareas por un segundo ejecutor (verificaciones, listas de cotejo).

Eliminación Total

Poka-Yoke (a prueba de error) es un concepto originado como parte del "Sistema de Producción Toyota" y se refiere a eliminar la posibilidad de error estableciendo límites y barreras en cómo una operación va a ser ejecutada, forzando la ejecución correcta de la misma. Un ejemplo de Poka-Yoke, es la imposibilidad de remover una llave de un automóvil antes de que la transmisión automática este en la posición de "Park". Al momento de la formulación de acciones preventivas para errores humanos ésta debe ser la primera opción.

Nivel de efectividad: Alto.

Implantación: **Nivel** de esfuerzo y costos pueden ser altos.

Detección

La detección del error es la habilidad de identificar la ocurrencia de un error antes de que ocurran y cause un daño permanente. Este persigue llamar la atención para la detección de un error mediante la activación sensorial (audición, visión) como a alarmas, indicadores, señales, letreros.

Nivel de efectividad: Alto.

Implantación: Nivel de esfuerzo y costos pueden ser altos.

Tolerancia

La tolerancia del error persigue que el usuario no sea penalizado en caso de un error. En el que el sistema le permite al usuario, una vez que detecta el error, corregirlo antes de finalizar la tarea. Ejemplos de tolerancia de error son los "undo", la capacidad de editar datos, los mensajes automáticos del sistema que avisan antes de llevar a cabo la acción, etc.

Nivel de efectividad: Mediano

Implantación: Nivel de esfuerzo mediano. No aplica a todas las tareas

Redundancia

La redundancia sugiere que se multipliquen los esfuerzos con diferentes recursos para evitar o detectar errores. Estas son la asignación de diferentes personas para el cotejo de trabajo. También se incluyen en esta categoría las fotocopias, evidencias de recibo y la realización de la tarea varias veces.

Nivel de efectividad: Bajo

Implantación: Nivel de esfuerzo alto. No aplica a todas las tareas. Costoso. Toma tiempo. Requiere muchos recursos. Se diluye la responsabilidad.

Recuperación

La recuperación de error se refiere a la capacidad de rehacer la acción para llevarla a su estado normal luego de haber ocurrido el error. Esto incluye los re-trabajos.

Nivel de efectividad: Bajo

Implantación: Nivel de esfuerzo alto. No aplica a todas las tareas. Costoso. Toma tiempo.

Efectividad de acciones correctivas y acciones preventivas (CAPA).

La efectividad de CAPA's persigue validar si en efecto las acciones implementadas con el propósito de corregir y evitar que el evento vuelva a ocurrir, cumplieron con su objetivo. No obstante, la evaluación de efectividad no debe circunscribirse a monitorear la repetición del **evento**.

Se debe hacer un análisis que incluya, además del evento, la repetición de **condiciones** contribuyentes al evento. La razón que justifica el análisis bi-direccional (evento y condición) de efectividad de CAPA's se basa en dos postulados principales:

1. El evento pudiera volver a ocurrir por una causa no identificada previamente debido a que la investigación no fue capaz de identificar todas las posibles causas.
2. La condición o factor contribuyente puede manifestarse en otras áreas o en otros procesos sin que él evento particular vuelva ocurrir.

En ambos escenarios existe la posibilidad de "invisibilizar" problemas potenciales causados por investigaciones inadecuadas o por condiciones inadecuadas.

Por lo tanto, para saber cuán efectivas son las intervenciones se debe poder medir ambas dimensiones:

1. Recurrencia de eventos
2. Recurrencia de causas (condiciones).

Con el propósito de hacer este análisis, la determinación de raíz causa o causas contribuyentes debe ser uno estructurado y formal en el cual el lenguaje sea uniforme.

Este debe también permitir el monitoreo y análisis de tendencias, por lo que la asignación de estructuras de código, es altamente recomendable.

El modelo de determinación de raíz causa presentado en este manual, cumple con este requisito. No obstante, cada organización puede determinar el modelo a seguir mediante la modificación del sistema de códigos según su programa de investigación.

7.

Codificación: Monitoreo y Análisis de Tendencias

En el capítulo 4 presentamos la tabla de raíz causa y la estructura de codificación que se puede utilizar para la tabulación de las causas identificadas. La tabla de raíz causa asegura que todo el mundo utiliza el mismo lenguaje al momento de describir las raíces causas de los eventos. Por otro lado, la estructura de codificación permite que exista un sistema uniforme de identificación para las razones por las cuales las personas han estado cometiendo errores.

Este sistema uniforme permite el análisis de la información de forma cuantitativa el cual apoya un proceso de toma de decisiones basado en datos y facilita intervenciones programáticas. Las intervenciones programáticas son esas intervenciones que atienden debilidades en los sistemas y facilitan la efectividad organizacional de una forma general mediante la creación de programas.

De esta forma toda la organización se puede beneficiar del aprendizaje adquirido al momento de cometer algunas fallas. El utilizar las experiencias previas y generalizar su aplicación a otras áreas funcionales, en realidad es lo que diferencia a una organización tradicional de una organización de aprendizaje.

Estructura de codificación

La estructura de codificación se divide en cuatro niveles ya que, el nivel de origen, no se codifica. La razón para esto, es que el nivel de origen es el que describe la causa objeto de codificación. Primer ¿Por qué?

La estructura de codificación contará con un total de cinco dígitos. A continuación la descripción de cada uno de los segmentos de codificación.

Primera unidad: identifica el tipo de factor causal- se utiliza la letra **C** mayúscula para identificar el error humano.

Segunda unidad: se identifica la categoría de raíz causa. Para los errores humanos se utilizan los números del cuatro al nueve **(4-9)** utilizando un (1) solo dígito.

Tercera unidad: identifica la causa más cercana. Éste se identifica con una (1) letra minúscula que va de la letra **a** hasta la letra **f (a-f).**

Cuarta unidad: este identifica la raíz causa. Éstos constan de dos (2) dígitos y pueden ir desde el uno hasta el doce **(01-13)**.

Finalmente la codificación constará de cinco dígitos los cuales serán capaces de describir la raíz causa del evento en cuatro niveles de profundidad.

C5c04

> Error humano (**C**) debido a la ingeniería de factores humanos (**5**). El mismo se debe a una carga de trabajo excesiva (**c**) ya que la tarea requiere un exceso de memoria y lógica para poder ejecutar la tarea (**04**).

Ejemplos de la data general a través de la estructura de codificación sugerida.

Descripción de códigos:

C4b01	Personal Difficulty/Procedures/Misleading/Confusing/Format Confusing or NI
C4b06	Personal Difficulty/Procedures/Misleading/Confusing/Ambiguous or Confusing Instruction Requirement
C4b07	Personal Difficulty/Procedures/Misleading/Confusing/Data Computations Wrong Incomplete
C4c04	Personal Difficulty/Procedures/Wrong/Incomplete/Wrong Revision Used
C4c06	Personal Difficulty/Procedures/Wrong/Incomplete/Incomplete/Situation Not Covered
C5a04	Personal Difficulty/Human Factors Engineering/Workplace Layout NI/Conflicting Layout
C5a06	Personal Difficulty/Human Factors Engineering/Workplace Layout NI/Labeling
C5b01	Personal Difficulty/Human Factors Engineering/Work Environment NI/Housekeeping
C6c04	Personal Difficulty/Training/Training NI/Lesson Content NI
C6c07	Personal Difficulty/Training/Training NI/Continuing Training NI
C6c10	Personal Difficulty/Training/Training NI/Training on New Work Methods NI
C7a03	Personal Difficulty/Immediate Supervision/Preparation/Instruction to Workers NI
C7a04	Personal Difficulty/Immediate Supervision/Preparation/Walkthrough NI
C8b01	Personal Difficulty/Communication/Misunderstood Communication/Standard Terminology Not Used
C9b	Personal Difficulty/Personnel Performance/Reasoning Capabilities NI
C9d	Personal Difficulty/Personnel Performance/Attitude/Attention

Frecuencia

Root Cause Code	Freq.
C4b01	2
C4b06	1
C4b07	1
C4c04	1
C4c06	5
C5a04	1

Análisis de datos:

Una vez tenemos las causas de los eventos identificadas y codificadas podemos hacer análisis estadístico de los datos de diferentes maneras y en diferentes niveles.

Tipo de factor causal- Nivel 1

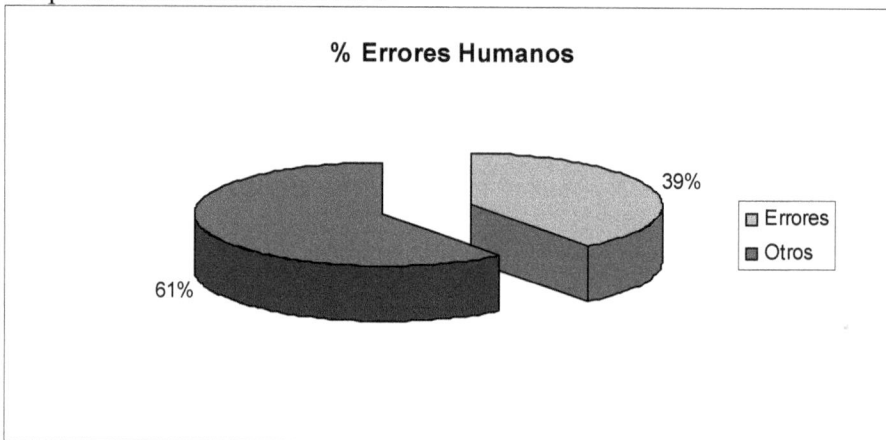

Categoría de Raíz Causa- Nivel 2

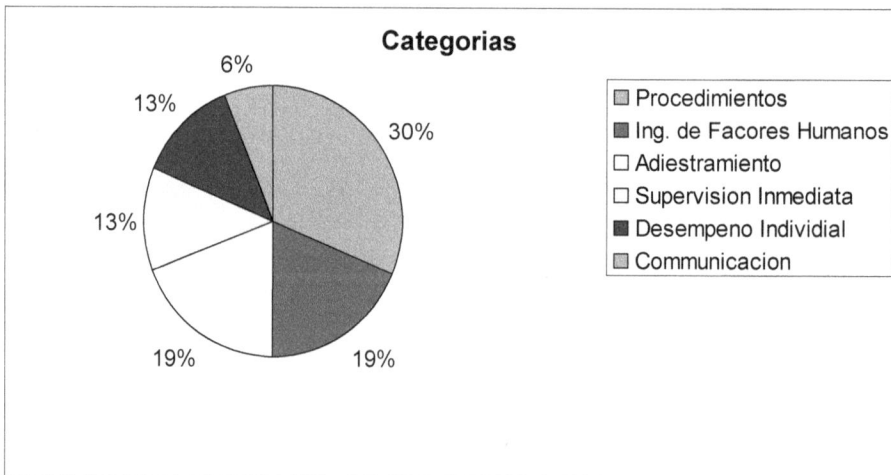

Raíz causa mas cercana- Nivel 3

Raiz Causa Mas Cercana

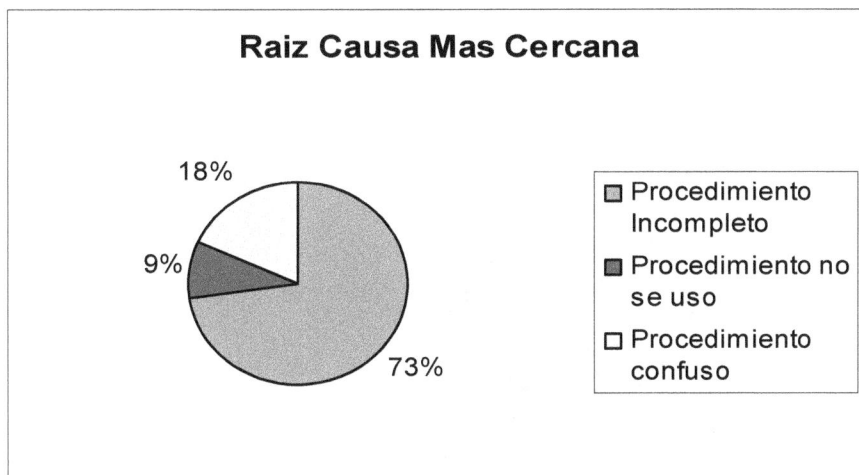

- Procedimiento Incompleto
- Procedimiento no se uso
- Procedimiento confuso

18%

9%

73%

Raíz Causa- Nivel 4

Raiz Causa

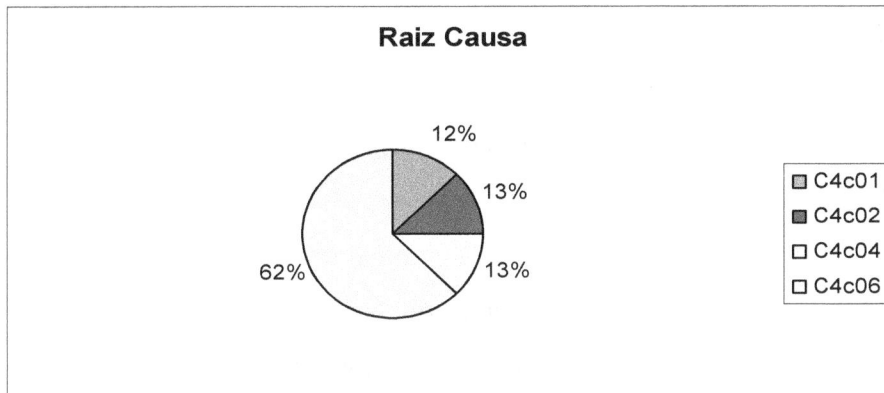

12%

13%

13%

62%

- C4c01
- C4c02
- C4c04
- C4c06

Recurrencia de raíz causa/condición

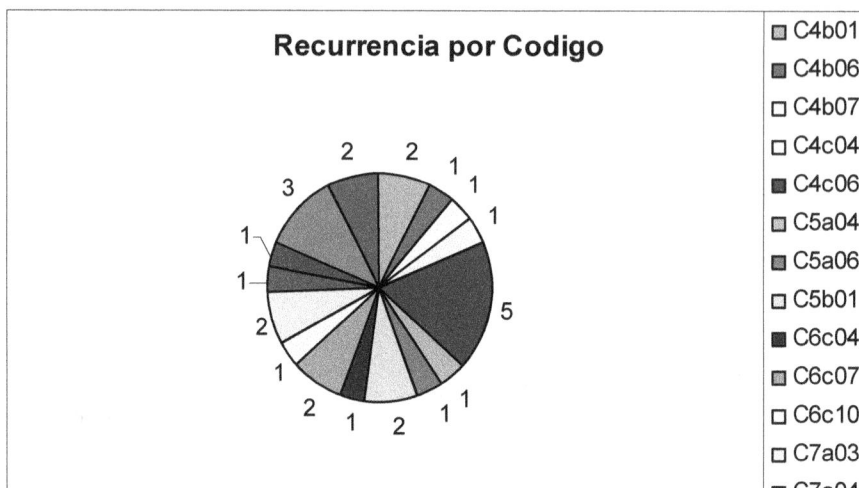

Recurrencia por Codigo

Legend:
- C4b01
- C4b06
- C4b07
- C4c04
- C4c06
- C5a04
- C5a06
- C5b01
- C6c04
- C6c07
- C6c10
- C7a03
- C7a04

La codificación nos permite agrupar la información de modo que se puede ver cuántas veces se repite la misma condición en el universo de eventos y a través del tiempo.

Los eventos pueden todos ser diferentes y aun así se puede ver cómo se han repetido en diferentes ocasiones las condiciones causales de una falla a través de la distribución.

Este tipo de análisis nos facilita el tomar decisiones organizacionales basadas en la información, para corregir estas condiciones que han demostrado ser factores contribuyentes en repetidas ocasiones.

El análisis de recurrencia por evento, puede ser monitoreado de forma manual o mediante una metodología similar al de la estructura y asignación de códigos uniformes a cada uno de los eventos ocurridos.

Mediante esta metodología, podremos ver cuántas veces se repite el evento y cuántas veces se repite la condición.

Cálculo de Efectividad de CAPA

El cálculo de efectividad de CAPA constaría de dos elementos básicos: el evento y la raíz causa (condición).

Por Evento:

De 22 eventos, 3 se repitieron= 19 sin recurrencia

$$22-3 = 19$$

$$19/22 = 86\%$$

86% Efectividad de CAPA por Evento

Nota: En este caso todos los eventos pudieron ser causados por la misma raíz causa.

Para los mismos 22 eventos se identificaron:

44 Raíces Causa de las cuales 32 se repitieron= 12 no se repitieron

$$44 - 32 = 12$$

$$12/44 = 27\%$$

27% Efectividad de CAPA por Raíz Causa

Nota: En este caso nos enfocamos en lo que causó los eventos y no en los eventos específicos.

Análisis de la Efectividad de CAPA

Estos números, cuando los analizamos, nos sugieren varias cosas. Entre ellas que hemos sido efectivos en un 86% de evitar que *ese* evento en particular vuelva a ocurrir en un proceso determinado. Los esfuerzos han ido dirigidos exclusivamente en asegurar que no tengamos el mismo fallo. No obstante, hemos sido efectivos en un 27% de evitar que otras fallas se den por la misma causa.

Aunque ciertamente es un propósito importante evitar que un evento en particular vuelva a ocurrir, el limitar nuestra intervención a exclusividades esporádicas no nos permite ser totalmente efectivos. El número de eventos y el por ciento de efectividad pueden ser altos, ya que todos son únicos y ninguno se repite.

Atender los eventos particulares exclusivamente, no promueve la disminución de fallas en los procesos, sino más bien promueve la distribución de las fallas a diversas causas.

Por otro lado, el eliminar las condiciones de falla, no sólo redundará en una efectividad de recurrencia de eventos, sino que también eliminará las fallas en su totalidad. Eliminando debilidades de los procesos se robustecen los sistemas asegurando efectividad y eficiencia sostenida a través del tiempo.

8.

Predicción y Prevención

La tabla de raíz causa nos presenta las condiciones que explican las causas de ocurrencia de un error humano. Mas allá de explicar las razones por las que las personas pueden fallar, la prevención seria el componente principal del escenario ideal.

Si el propósito es prevenir que estos eventos ocurran, la evaluación de forma proactiva acerca de la presencia de estas condiciones, puede ofrecer información valiosa que permita predecir y por consiguiente prevenir la ocurrencia.

La aplicación invertida de la tabla de raíz causa cumple con este propósito. El método es someter a evaluación cada una de las condiciones ahí expuestas en las áreas de trabajo. Una vez se identifique que estas condiciones están presentes, se puede comenzar con la implementación de los planes de prevención para eliminarlas.

Con el propósito de facilitar este proceso se presenta a continuación un protocolo de evaluación de condiciones de errores humanos. El someter los procesos a estar evaluación permite identificarlas posibles condiciones antes de que las mismas ocurran.

Manual de Evaluación de Causas Contribuyentes a Error Humano

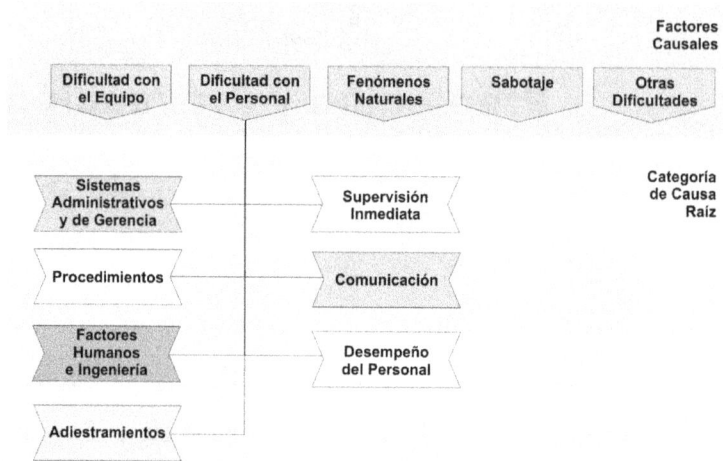

Factores Causales

Dificultad con el Equipo	Dificultad con el Personal	Fenómenos Naturales	Sabotaje	Otras Dificultades

Categoría de Causa Raíz

Sistemas Administrativos y de Gerencia		Supervisión Inmediata
Procedimientos		Comunicación
Factores Humanos e Ingeniería		Desempeño del Personal
Adiestramientos		

Fuente: Root Cause Coding Guide, Process Improvement Institute

Definición de Símbolos	
NOMBRE	**SIMBOLO**
Factores causales	
Categoría de causa raíz	
Causa raíz aproximada	
Causa raíz	
Referencias	
Este manual se desarrolló usando múltiples referencias, entre las cuales se encuentran:	
	Root Cause Coding Guide, Process Improvement Institute, 2002

3	SISTEMAS ADMINISTRATIVOS Y DE GERENCIA	
A	Los requisitos, políticas y controles administrativos (Standards, Policies, or Administative Controls, SPACS) no son adecuados.	

NUM	Criterio de Evaluación	Si/No
1.	Existen políticas y controles administrativos para las actividades del sistema administrativo.	
	Políticas para controles de cambios · Políticas para investigar desviaciones o quejas de clientes · Políticas para adiestramientos · Otros	
2.	Las políticas y controles administrativos son estrictos.	
3.	Las políticas y controles administrativos son claros y precisos.	
4.	Las políticas y controles administrativos son técnicamente correctas. Consideran un amplio rango de posibles escenarios.	
5.	Responsabilidades por los componentes, sistemas o actividades están adecuadamente definidas. Todas las actividades tienen su gestor responsable asignado.	
6.	Las políticas y controles administrativos son consistentes y sin contradicciones. Ninguna política desmiente o desautoriza a otra.	
7.	Los sistemas de control, cambios e itinerarios son adecuados y claros	
	Al día · Completos	
8.	Existe un sistema de preselección y selección de empleados. Parea tareas con destrezas de los candidatos a los puestos.	

3	SISTEMAS ADMINISTRATIVOS Y DE GERENCIA

B	Los requisitos, políticas y controles administrativos (SPAC's) son usados

NUM	Criterio de Evaluación	Si/No
1.	Son comunicados adecuadamente y claramente a la población.	
	Se comunican a través de métodos formales y documentados.	
2.	Sus cambios son controlados y comunicados.	
3.	Son puestos en vigor y se penaliza su violación.	
4.	Son prácticos y se pueden implementar.	

C	Las evaluaciones de riesgos (Risk Reviews, de seguridad y otras materias) son adecuadas

NUM	Criterio de Evaluación	Si/No
1.	Las evaluaciones de riesgo son adecuadas.	
	Se discuten las múltiples posibilidades de eventos con el personal.	
2.	Las evaluaciones de riesgo se llevan a cabo.	
	Todas las operaciones han tenido una evaluación de riesgo en mayor o menor grado.	
3.	Las recomendaciones resultantes de las evaluaciones de riesgo están implementadas.	
4.	Los criterios de aceptación de riesgos son aceptables.	
5.	El procedimiento de las evaluaciones de riesgo y el adiestramiento del personal que las lleva a cabo son adecuados.	

3	SISTEMAS ADMINISTRATIVOS Y DE GERENCIA	
D	Hay un programa adecuado para la identificación, investigación y control de problemas	

NUM	Criterio de Evaluación	Si/No
1.	Se reportan los eventos y los "por poco".	
2.	Los eventos se investigan y se analizan adecuadamente.	
3.	Las acciones correctivas son adecuadas.	
4.	Las acciones correctivas están implementadas.	

E	Los controles de materiales y productos son adecuados	

NUM	Criterio de Evaluación	Si/No
1.	Manejo de los materiales es adecuado.	
2.	Almacenamiento es adecuado.	
3.	Empaque es adecuado.	
4.	Embarque es adecuado.	
5.	Fecha de expiración no se excede.	
6.	No es posible sustituir materiales o productos sin autorización.	
7.	Las inspecciones de los materiales y los productos son adecuadas.	

3	SISTEMAS ADMINISTRATIVOS Y DE GERENCIA

F	Los controles de requisiciones y compras son adecuados

NUM	Criterio de Evaluación	Si/No
1.	Los requisitos de aceptación de los productos o materiales adquiridos cumplen con las especificaciones.	
2.	El sistema de control de cambios para requisitos y especificaciones de compra es adecuado.	
3.	Productos o materiales adquiridos siguiendo las especificaciones de compra son adecuados.	
4.	No se reciben erróneamente ítems incorrectos.	
5.	Los requisitos de aceptación de productos o servicios son adecuados.	

G	Los controles de documentación y configuración son adecuados

NUM	Criterio de Evaluación	Si/No
1.	Los cambios se identifican y se evalúan.	
2.	Control de cambios (y verificación) de cambios a diseños y cambios en el campo es adecuado.	
3.	Documentación está al día.	
4.	Control de documentos es adecuado.	

4	PROCEDIMIENTOS	
A	Los procedimientos se usan	

NUM	Criterio de Evaluación	Si/No
1.	**Los procedimientos están disponibles y son fáciles de conseguir.**	
	Están el área de trabajo. **Al alcance de a mano.**	
	Están en el lugar designado. **No hace falta llave.**	
2.	**Los procedimientos son fáciles de usar y de manejar.**	
	El material del procedimiento tolera las condiciones de trabajo. **Tamaño carta**	
	Se puede usar aún con la vestimenta requerida. **No más de 100 páginas.**	
	Liviano **De fácil uso y entendimiento para el "menos diestro" o el personal nuevo.**	
3.	**Hay un procedimiento de la planta que requiere el uso del los procedimientos durante la ejecución de las tareas.**	
4.	**Existe un procedimiento para cada una de las tareas.**	

4	PROCEDIMIENTOS	
B	Procedimiento es fácil de entender y claro	

NUM	Criterio de Evaluación		Si/No
1.	Formato fácil de seguir.		
	Estructurado	Consistente con el resto de la planta.	
	Visualmente intuitivo	Los pasos están agrupados de forma lógica.	
	En el idioma materno del usuario	Sigue estándares de documentación diseñada para minimizar errores.	
2.	Una sola acción por instrucción.		
	Una instrucción por acción	Las instrucciones son específicas para cada actividad, no resumidas.	
3.	Espacios para recolección de datos están provistos y son adecuados.		
	La lista de cotejo es simple y clara	Los espacios para respuestas son lo suficientemente grandes.	
	Las instrucciones indican claramente los datos a ser recopilados	Las instrucciones requieren contestaciones que no sean genéricas	
		Las tablas y listas de cotejo son adecuados para las actividades.	
4.	La lista de cotejo es adecuada.		
5.	Los gráficos completamente legibles, claros y detallados.		
6.	Las instrucciones son específicas y claras.		
	Se pueden interpretar solamente de una manera. Gramática sencilla	Lenguaje claro y simple	
7.	Las entradas de datos y cómputos son correctas y completas.		
	Las formulas fáciles de seguir (no confusas).	Los cálculos son correctos	

		Los datos fáciles de transferir de un lugar a otro.	Hay un mínimo número de pasos en un cómputo.	
8.	⬡	Los equipos están bien identificados en el procedimiento		
		Los equipos están identificados de forma obvia y específica. La rotulación y la designación en el procedimiento concuerdan.	Los nombres, rotulación y procedimiento concuerdan.	
9.	⬡	Mínimo uso de referencias		
		El procedimiento se refiere a un mínimo de referencias externas.	El procedimiento no contiene más de dos instrucciones donde se hace referencia a dos documentos externos.	
10.	⬡	Las referencias son fáciles de acceder.		
11.	⬡	Se establecen claramente las secciones de los documentos que han sido revisadas recientemente.		
		Se indica con un icono o símbolo, que la acción es diferente a como se llevaba a cabo anteriormente para que el operador sepa que una instrucción cambió.		
12.	⬡	Límites fácilmente discernibles.		
		Se usa rango de límite inferior y superior en lugar del +/-.		

4	PROCEDIMIENTOS	

C	Procedimiento es correcto y preciso	

NUM	Criterio de Evaluación	Si/No
1.	No tiene errores tipográficos.	
2.	La secuencia describe la operación de forma precisa.	
3.	Hechos y los requisitos son correctos.	
	Requisitos están al día. / Equipos y facilidades se muestran con sus características actuales. / Condiciones son las actuales.	
4.	Versión correcta está disponible.	
5.	Consistente a través del mismo y con otros procedimientos.	
	Actividades se describe de forma igual en todas sus repeticiones en el procedimiento. / Se separa el "que", "como" y "porqué" en tres documentos no redundantes. / Actividades se describen en solamente en un procedimiento o documento. / No hay conflicto entre instrucciones en el procedimiento o con otros procedimientos. / Las unidades de medida se usan de forma consistente.	
6.	Completo, no faltan actividades por cubrir.	
	Todas las actividades están cubiertas. / Se atienden los "eventos inesperados" con una lista de pasos a tomar.	

5	FACTORES HUMANOS E INGENIERÍA	

A	El área de trabajo (Layout) es apropiada.	

NUM	Criterio de Evaluación		Si/No
1.	⬡ Los controles son los correctos.		
	Los botones, palancas, rodillos, interruptores, etc están colocados de tal manera que son fáciles de usar y no interfieren los unos con los otros.	Sistema provee control a través de todo el rango de operación.	
	Botones y controles no se pueden activar por accidente.	Los controles se pueden diferencial fácilmente unos de otros.	
2.	⬡ Los despliegues y pantallas presentan la información adecuadamente.		
	Los despliegues y pantallas presentan la información necesaria para el proceso.	La información se presenta en las mismas unidades de medida en la que son necesarias.	
	La configuración de las pantallas y despliegue permiten que la información sea fácil de leer.	No se presenta información redundante o innecesaria.	
3.	⬡ Las acciones de control y las pantallas están bien integradas.		
	Controles y despliegues se encuentran a distancias adecuadas unos de otros.	Controles están configurados y operan de manera familiar a controles similares que son conocidos por los usuarios en otros ambientes.	
	Los despliegues no quedan obstruidos a la vista durante las actividades. La relación de los controles y la información desplegada se puede entender fácilmente	Hay un control por despliegue visual. No se monitorean varios controles desde el mismo despliegue visual.	

5	FACTORES HUMANOS E INGENIERÍA	

A	El área de trabajo (Layout) es apropiada (Cont.)	

NUM	Criterio de Evaluación		Si/No
4.	⬡ Arreglos de sistemas, equipos y logística no confligen entre ellos o los unos con los otros.		
	Los esquemas de colores significan en el sistema lo mismo que en otras áreas, por ejemplo, rojo significa apagado y cerrado, verde encendido y abierto.		
5.	⬡ Interfase visual es intuitiva y fácil de usar, envoltorio de alcance es adecuado		
	Despliegues se pueden ver y entender fácilmente pues los colores, tamaños, y contrastes permiten fácil verificación. Posición de los equipos permite su operación sin necesidad de posturas incómodas o difíciles para operadores de diferente físico.	Todos los despliegues se encuentran cerca del usuario y son fáciles de verificar.	
6.	⬡ Rotulación adecuada y fácil de seguir		
	Todos los controles están rotulados. Todos los rótulos se pueden asociar claramente a un control.	Se usan agrupaciones y esquemas de colores para facilitar la identificación de controles.	

5	FACTORES HUMANOS E INGENIERÍA	
B	Ambiente de trabajo adecuado.	
1.	Área de trabajo limpia y ordenada.	
2.	Temperatura y humedad dentro de los límites de confort humano.	
3.	Iluminación adecuada para las operaciones.	
	Uniforme a través del área de trabajo. Suficiente dentro de los equipos. / Iluminación de emergencia suficiente.	
4.	Ambiente silencioso, sin ruidos molestosos.	
	Alarmas se pueden detectar adecuadamente. Instrucciones se pueden comunicar efectivamente. / Personal puede escuchar sonidos que den indicios de problemas.	
5.	El equipo de protección personal es cómodo y no interfiere de manera significativa con la operación.	
	Tacto / Visibilidad — Audición / Olfato	
6.	Ambiente en el ámbito es cómodo, ordenado, limpio y saludable libre de condiciones ambientales estresantes.	
	Vibraciones, riesgo, ruidos, olores, vapores, movimientos, temperaturas, vientos, etc. / Tareas se pueden ejecutar en un periodo aceptable de tiempo. — Tareas se comienzan con tiempo y con previo aviso. / Tareas son diversas y con sentido. — Tareas duran cantidades de trabajo aceptables para el personal. / Tareas se planifican se realizan de forma continua.	

5	FACTORES HUMANOS E INGENIERÍA	

C	Carga de trabajo es adecuada	

NUM	Criterio de Evaluación	Si/No
1.	Decisiones se pueden tomar partir de las instrucciones sin que sea necesario un conocimiento especializado.	
2.	No es necesario que el operador controle de forma intensa los procesos.	
3.	Mínimo de Monitoreo a los procesos es requerido.	
	Muestreo reducido a un mínimo.	
4.	No se requiere lógica matemática, mental o memoria prodigiosa.	

D	Sistema robusto	

NUM	Criterio de Evaluación	Si/No
1.	Los errores del sistema son fáciles de detectar	
	Existe un sistema de alarmas y mensajes visuales y auditivos que es fácil de entender.	
2.	Los errores del sistema se pueden recuperar.	
	Si se comete un error, el sistema permite salir del mismo para continuar la actividad sin consecuencias posteriores.	

6	ADIESTRAMIENTO	

A	El personal está adiestrado	

NUM	Criterio de Evaluación	Si/No
1.	Es requerido adiestrar todos los operadores en los procedimientos y operaciones.	
	Existe un currículo para todos los puestos de trabajo.	
2.	Los requisitos de adiestramiento están definidos.	
	Hay currículos claramente establecidos para cada puesto / tarea.	

B	Los registros de adiestramiento son adecuados.	

NUM	Criterio de Evaluación	Si/No
1.	Los registros de adiestramiento están correctos.	
	Los registros de adiestramiento muestran precisamente todos los adiestramientos tomados por el personal. Los adiestramientos no tomados se pueden establecer fácilmente. Los registros muestran para que tareas el personal está cualificado.	
2.	Los registros de adiestramiento están al día.	
	Todos los adiestramientos tomados hasta la fecha están registrados en el sistema. Requisitos de re-training están al día.	

6	ADIESTRAMIENTO	

C	Los adiestramientos son adecuados	

NUM	Criterio de Evaluación	Si/No
1.	El análisis de tareas y trabajos es adecuado.	
	Los adiestramientos son en lo que la gente hace. Todos los requisitos para ese trabajo se han identificado.	
2.	El diseño del programa de adiestramiento es adecuado.	
	Si la tarea es de ejecución, el adiestramiento es en el área de trabajo. Si el adiestramiento es de teoría o conocimiento es en un salón de clases.	
3.	Los objetivos de los adiestramientos es adecuado.	
4.	El contenido de las lecciones es adecuado.	
	El contenido refleja la realidad de la tarea. El contenido que se ofrece ayuda a hacer bien el trabajo.	
5.	El adiestramiento en el lugar de trabajo ("On-the-Job") es adecuado.	
	El adiestramiento consiste en demostración seguido de práctica.	
6.	Las pruebas de calificación son adecuadas.	
	Hay exámenes escritos para contenido de conocimiento. Hay listas de cotejo prácticas para destrezas. Los elementos críticos son medidos.	
7.	La frecuencia de los adiestramientos es adecuada.	
	Cada cierto tiempo se ofrecen adiestramientos para refrescar el conocimiento. Cada vez que se hace un cambio se re-adiestra el personal sobre el mismo.	

6	ADIESTRAMIENTO	

C	Los adiestramientos son adecuados (Cont.)	

NUM	Criterio de Evaluación	Si/No
8.	El equipo y los materiales usados en los adiestramientos son adecuados.	
	El equipo y los materiales promueven la participación y el aprendizaje.	
9.	Los instructores están adecuadamente cualificados.	
10.	El adiestramiento para nuevos procedimientos o cambios a procedimientos es adecuado.	
11.	El adiestramiento para eventos inesperados o de emergencia es adecuado.	
	Se ofrece adiestramiento sobre eventos inesperados, emergencias y contingencias.	
12.	Los requisitos de calificación son adecuados.	
	Se puede establecer que operadores han tomado el adiestramiento y aquellos que no.	

7	SUPERVISIÓN INMEDIATA	
A	La preparación para la operación es adecuada	

NUM	Criterio de Evaluación	Si/No
1.	⬡ Se llevan a cabo preparativos para la operación diariamente.	
	Se llevan a cabo reuniones diarias antes de comenzar la operación. Se dan Instrucciones directas a los operadores antes de comenzar la operación.	
2.	⬡ Se establece un plan de trabajo adecuado.	
	El plan de trabajo es completo, correcto y adecuado para la operación.	
3.	⬡ Se proveen las instrucciones a los trabajadores de forma adecuada.	
4.	⬡ Se lleva a cabo una ronda antes de comenzar las operaciones.	
	Antes de la operación se verifica condición de los materiales equipo y área de trabajo.	
5.	⬡ Itinerario es adecuado.	
	Se asigna suficiente personal para llevar a cabo las tareas y para las acciones de verificación. Tareas son distribuidas de antemano y se organizan para que no hayan conflictos. La cantidad de tareas concurrentes es apropiada.	
6.	⬡ La selección de empleados para las diferentes tareas es adecuada.	

B	La supervisión durante las actividades es la adecuada	

NUM	Criterio de Evaluación	Si/No
1.	⬡ Hay supervisión durante las operaciones.	
2.	⬡ La supervisión es adecuada.	

8	COMUNICACIÓN	
A	Hay comunicación adecuada y a tiempo	
NUM	Criterio de Evaluación	Si/No
1.	Existe un método de comunicación, está disponible y es adecuado.	
2.	La comunicación entre los grupos de trabajadores es adecuada.	
	Entre departamentos como Producción, Quality, Micro, Ingeniería, etc. Es adecuada.	
3.	La comunicación entre los trabajadores y la gerencia es adecuada.	
4.	La comunicación con los contratistas es adecuada.	
5.	La comunicación con los clientes es adecuada.	
B	La información se entiende	
1.	Se usa terminología común y reconocida (Standard).	
2.	Se usa la doble verificación y repetición de los mensajes.	
	Hay seguridad que el mensaje llegó a la persona deseada y que esta lo entiende.	
3.	Mensajes son cortos y precisos.	
4.	No hay interferencia por ruido durante la comunicación.	
C	La comunicación en los cambios de turno es adecuada	
1.	La comunicación entre personal de trabajo de un mismo turno es adecuada.	
2.	La comunicación entre personal durante el cambio de turno es adecuada.	

9	DESEMPEÑO PERSONAL	
NUM	**Criterio de Evaluación**	**Si/No**
A	Las capacidades sensoriales y preceptúales del personal están tomadas en cuenta.	
B	Las capacidades de razonamiento del personal están tomadas en cuenta.	
C	Las capacidades físico-motoras del personal están tomadas en cuenta.	
D	La actitudes y el enfoque del personal están tomadas en cuenta.	
E	Las condiciones relacionadas a la fatiga o sueño del personal están tomadas en cuenta.	
F	Las condiciones personales o de medicación del personal están tomadas en cuenta.	

9.

C4c06

Este libro ha presentado la naturaleza del error en sistemas complejos. El mismo presenta un modelo de investigación de errores e ilustra sus aplicaciones en procesos paralelos. También plantea la preocupación acerca de la simplificación del fenómeno de error humano.

Parte de la preocupación que le dio vida a este libro, se basa en la problemática del readiestramiento, disciplina progresiva y separación de empleo como solución general del fenómeno del error humano. A través del tiempo hemos podido confirmar que estas soluciones no han resuelto el problema. Las agencias reguladoras, cada vez están menos complacidas con la explicación de un error humano esporádico como conclusión de la causa de las desviaciones en los procesos de manufactura.

Por otro lado las organizaciones no necesariamente cuentan con un grupo de profesionales preparados en ciencias de la conducta humana que se dediquen a investigar y explicar este fenómeno.

Al pasar de los años trabajando e investigando el tema y utilizando esta metodología como método uniforme para analizar la información de los errores que ocurren en la manufactura farmacéutica, no nos sorprendería descubrir que la mayoría de los errores se dan como resultado de sistemas deficientes.

Procedimientos Incompletos (C4c06)

C4c06 es la categoría que identifica la raíz causa de: procedimientos incompletos/situación no cubierta. Esto lo que significa es que la persona cometió un error porque un paso o proceso de la tarea no estaba contemplado en el procedimiento. Muy probable, ese paso o proceso dependía totalmente de la artesanía del operador protagonista de la ejecución. También es probable, que las barreras de defensa que implementamos en los sistemas, no facilitaran que el evento como tal se manifestara anteriormente. Llegó el momento en el que todas las condiciones se alinearon y finalmente la desviación ocurrió.

Esta categoría ha demostrado dominar la lista de categorías causales de los errores humanos de forma constante. Sorprendentemente las organizaciones invierten un tiempo y esfuerzo considerable responsabilizando a los individuos. Se implementan acciones que se circunscriben a la modificación de conducta de una persona en particular, alejándose cada vez más de la verdadera corrección del problema.

El adiestramiento como raíz causa, luego de analizar los datos por cerca de 10 años, es responsable solo del 8% de los errores humanos. Este dato lo que nos indica es que no debe sorprendernos que los errores humanos sigan siendo un problema para las organizaciones a pesar de los esfuerzos continuos de adiestramiento.

Continuar utilizando el adiestramiento y la disciplina como acciones correctivas y preventivas, va a continuar impactando los errores de la forma que lo han hecho hasta ahora; muy poco. Las organizaciones están necesitadas de metodologías y aplicaciones que realmente identifiquen y resuelvan el problema.

Por otro lado, los empleados hacen un esfuerzo genuino por ejecutar correctamente sus trabajos. Ahora es responsabilidad de las organizaciones, hacer un esfuerzo genuino por ayudarlos a lograrlo. Sólo así, todos seremos exitosos.

Apéndice

Forma de Evaluación de Error Humano

HUMAN ERROR ASSESSMENT FORM

To:	From:
Date:	Area:
☐ Deviation ☐ Notification	ID Number :

Root Cause Code :						Date of Occurrence :

Event :

Causal Factor Type :
Human Error (C):   ☐ Yes   ☐No

Root cause category:
☐   Procedures (4)
☐   Human Factor Engineering (5):
☐   Training (6):
☐   Immediate Supervision (7)
☐   Communication (8):
☐   Personal Performance (9):

Near Root Cause: Check the one that applies

Procedures (4)	**Human Factors Engineering (5):**
☐ Procedure Not Used(a) ☐ Misleading / Confusing(b) ☐ Wrong / Incomplete(c)	☐ Workplace Layout NI (a) ☐ Work environment NI (b) ☐ Workload NI (c) ☐ Intolerant System (d)
Training (6)	**Immediate Supervision (7):**
☐ No Training (a) ☐ Training Records system NI (b) ☐ Training NI (c)	☐ Preparation NI (a) ☐ Supervision during Work NI (b)
Communications (8):	**Related to the Individual (9):**
☐ No Communication or Not Timely (a) ☐ Misunderstanding Communication (b) ☐ Work/Shift Turnover NI (C)	☐ Slip/Lapse (unintentional action; memory and attention failures) (a) ☐ Mistake (intentional; failure in judgment/inferential process. No harm intended) (b)

	☐ Violation (repeated event/consequences known) ☐ Other
Root Cause:	
Rationale:	
Recommendations: **Corrective Action:**	
Preventive Action:	
Root cause related to the individual: ☐ Yes ☐ No	
Refer to HR: ☐ Yes ☐ No	
Recurring Root Cause: ☐ Yes ☐ No	
Explain:	
Comments:	

Name:	**Signature:**

Referencias y Recursos

Austin, J. (2000). Performance analysis and performance diagnostics. *Handbook of applied behavior analysis.* pp. (321-349). Reno, NV: Context Press.

Ammerman, M. (1998). *The Root Cause Analysis Handbook* (1st ed.). US: Productivity Press.

Aboff, K., & Lincoln, J. (1998). Engineering Data Compendium: Human Perception and Performance. *Aerospace Medical Research, 3*(2), 12-26.

Bridges, W. (2002). Human Error Investigations: Root Cause Chart. *Process Improvement Institute.* Knoxville, TN

Brown, A. B. (2001). To Err is Human. *Compluter Science Divison, University of California at Berkley, 2*(1), 21-26.

Carstensen, P. (2004). *Overview of FDA's New Human Factors Program Plan: Implications for the Medical device Industry.* Retrieved 7-14-2004 from www.fda.gov/cdrh/humanfac/hufacpbc.html

Dekker, S. (2003). *The field guide to human error investigations.* British Library, England: Ashgate Publishing Limited.

Lorenzo, D. (2000). *A manager's guide to reducing human errror: Improving human performance in the Chemical Industry.* Washington DC: American Chemistry Council.

Rasmussen, J. (1996). *Information Processing and human-Machine Interaction* (2nd ed.). Netherlands: Holland Publishing.

Reason, J. (1990). *Human Error.* New York: Cambridge University Press.

Strauch, B. (2004). *Investigating Human Error: Incidents, Accidents and Complex Systems.* British Library, England: Ashgate Publishing Limited.

Swain, A. & Guttman, H. (1986). *Handbook of human reliability analysis with emphasis on nuclear power plant applications.* NUREG/CR-2178, U.S. Nuclear regulatory Commission, Washington, DC.

United States Food and drug Administration (2004). *Overview of FDA's New human factors progam plan: Implications for the Medical Device Industry.* Retrieved July 14, 2004, from http://www.fda.gov/cdrh/humfac/hufacpbc.html.

United States Food and drug Administration (2004). *Human Factors Implications of the new GMP Rule. Overall requirements of the new quality system regulation.* Retrieved July 14, 2004, from http://www.fda.gov/cdrh/humfac/hufacimp.html.

United States Food and drug Administration (2004). *Reducing use error.* Retreived July 14, 2004 from http://www.fda.gov/cdrh/humfac/hfbrochure.html.

Wickens, C. D., & Hollands, J. G. (2000). *Engineering Psychology and Human Performance* (Third ed.). New Jersey: Prentice H

Wickens, C.D., & Stokes, A.F., Barnett, B.J. (1993). *Modeling Stress and bias in pilot decision making. Proceedings of the 20th Annual Conference of the Human Factors Association of Canada (pp. 45-48) Mississauga, Ontario.*

Yourstone, S.A. & Smitgh, H.L. (2002*).* Managing systems errors and failures in health care organizations: Suggestions for practice and research*. Healthcare Management Review.* 27(1), 50-61

Acerca de la Autora

Ginette M. Collazo ha trabajado como profesional del área de Adiestramiento Técnico y Desarrollo Organizacional por los pasados 10 años en la industria farmacéutica en Puerto Rico. Se ha especializado en los estudios e investigación de Error Humano, Factores Humanos, Confiabilidad de Ejecución y el Adiestramiento Técnico en ambientes de manufactura de droga, regulados por diferentes agencias reguladoras del mundo. Ha realizado cientos de investigaciones de Errores Humanos en diversidad de organizaciones. Además fue presidenta de la compañía "Human Engineering" en Puerto Rico en donde realizaba consultaría profesional con especial atención a la confiabilidad humana. Actualmente Dirige la organización de Adiestramiento Técnico para una firma global de manufactura farmacéutica. Es Psicóloga Industrial/Organizacional con adiestramiento especializado en Psicología Ingenieril.

ginette.collazo@gmail.com

www.ingramcontent.com/pod-product-compliance
Lightning Source LLC
Chambersburg PA
CBHW081419270326
41931CB00015B/3331